PHOTO DE COUVERTURE :

Histoire captivante que celle de l'Europe et de ses lumières : depuis son peuplement, les hommes se sont adaptés à ses reliefs, à ses climats, à ses sols, puis ils ont exploité ses ressources. Ils ont développé des cultures particulières tout en façonnant une civilisation commune, ils ont formé des États, ils se sont fait la guerre, jusqu'à la paix qui aboutit aujourd'hui à la construction d'une Union européenne. Mais l'Europe, ce n'est pas que les hommes, c'est aussi une faune et une flore originales à découvrir et à préserver.

« Pour que les enfants puissent devenir des citoyens pleinement responsables et acteurs de leur environnement, il est nécessaire de leur transmettre les clés pour mieux comprendre le monde vivant qui les entoure. »

Nicolas Hulot

Directrice de collection : Nassera Zaïd
Direction éditoriale : Bénédicte Servignat / Fabrice Le Jean
Direction artistique : Nicolas Galy pour www.noook.fr
Illustrations : Nicolas Ryser
Infographies : Stéphane Valley, svalley@2visudesign.com
Iconographie : Espérance de Oliveira

Sommaire

>> À LA DÉCOUVERTE DE L'EUROPE

>> LA NATURE ET LES HOMMES

Ushuaïa Junior

EUROPE :
de culture et de civilisation

Béatrice Compagnon
Anne Thévenin

>> UN DÉFI POUR LA TERRE

Robustes, rustiques et vifs,
les chevaux Camargue tout blancs
sont particulièrement adaptés à la région
dans laquelle ils vivent : la Camargue.
Ils servent notamment de monture aux gardiens
qui s'occupent des troupeaux de taureaux élevés
dans ce vaste marécage formé par le delta
du Rhône, dans le sud de la France.

Séville est une ville du sud de l'Espagne, en Andalousie, très riche en monuments historiques. Lors des fêtes, notamment lors de la grande *feria* de Séville, les femmes et les petites filles revêtent le costume traditionnel, la robe sévillane avec un châle à franges et une fleur de soie accrochée dans les cheveux. Aujourd'hui encore, au mois d'avril, elles défilent à pied ou à cheval, s'amusent, chantent et dansent le flamenco dans les rues...

Santorin est un archipel de petites îles volcaniques grecques de la mer Égée. Dans l'Antiquité, une éruption volcanique suivie d'un gigantesque tsunami dévasta Santorin, donnant ainsi naissance à la légende de l'Atlantide, la cité engloutie sous la mer. Construit à flanc de falaise, Oia est l'un des villages de Santorin, devenu un haut lieu de tourisme en Grèce.

La cathédrale Saint-Basile (appelée ainsi car elle abrite le tombeau de Basile le Bienheureux) a été construite sous le règne du tsar Ivan le Terrible au XVIe siècle. Située sur la place Rouge au centre de Moscou, la cathédrale est aujourd'hui, avec ses clochers en forme de bulbe, sa décoration exubérante et ses couleurs vives, le symbole de l'architecture traditionnelle russe.

La première Exposition universelle eut lieu à Londres en 1851. À sa suite, d'autres furent organisées partout en Europe. Elles voulaient témoigner des progrès scientifiques et techniques nouvellement réalisés. Au cours de celle de 1900, à Paris, on inaugura la première ligne de métro et des palais d'exposition tout en verre. Il y avait aussi une grande roue et un trottoir roulant. Elle attira des millions de visiteurs.

Au matin du 6 juin 1944, le Jour J, des troupes américaines, britanniques et canadiennes débarquent en Normandie. La gigantesque opération *Overlord*, décidée par Staline et Roosevelt en 1943, engage près de 5 000 navires, 10 500 avions, 17 6000 hommes. Le 8 mai 1945, la Seconde Guerre mondiale prendra fin en Europe. Peu après, les Européens entameront leur marche de la réconciliation.

Continent ou

DES LIMITES DISCUTÉES...
La Russie a une grande partie de son territoire en Asie. La Turquie aussi, et elle n'est pas considérée comme faisant partie de l'Europe et souhaite pourtant entrer dans l'Union européenne. L'Arménie et la Géorgie se situent de l'autre côté des crêtes du Caucase, mais se sentent proches de la culture européenne... L'Union européenne ne définit pas ce qu'est un État européen, elle évite de fixer des limites précises à l'Europe et évoque plutôt des héritages communs et des valeurs partagées, comme la démocratie, les droits de l'Homme... L'essentiel, c'est peut-être la volonté de vivre ensemble.

péninsule de l'Asie ?

Avec l'Asie, l'Afrique, l'Amérique, l'Océanie et l'Antarctique, l'Europe est l'une des six parties du monde, la plus petite partie (quatre fois plus petite que l'Amérique, par exemple), mais elle regroupe 44 pays et comprend des territoires parmi les plus peuplés de la planète. L'Europe n'est pas vraiment un continent physique, elle constitue en réalité l'extrémité d'un vaste ensemble continental appelé l'Eurasie. Comme elle n'a pas de frontières naturelles à l'est, celles-ci ont varié au cours des siècles et c'est vers 1700 que le tsar de Russie Pierre le Grand imposa les monts de l'Oural comme frontière, car il voulait que la Russie soit intégrée à l'Europe. Depuis, on considère que l'Europe s'étend de la Méditerranée au sud à l'océan Glacial Arctique au nord et de l'océan Atlantique à l'ouest aux montagnes de l'Oural à l'est et aux sommets du Caucase au sud-est. Ce sont donc les hommes qui ont construit l'Europe au fil des siècles, et c'est par son histoire et ses héritages culturels qu'elle se définit d'abord.

UNE DÉFINITION CULTURELLE ?

L'Europe a été profondément marquée par un triple héritage : l'héritage grec et l'héritage romain de l'Antiquité et l'héritage chrétien au Moyen Âge. Le premier lui a légué l'idéal démocratique, une méthode de penser et la science ; le second, l'idéal de la loi, du droit écrit et de la justice ; le dernier, l'idéal de la liberté individuelle.

EUROPE, UN MYTHE GREC À L'ORIGINE

Europe était une très belle princesse phénicienne. Un jour, au bord de la mer, elle aperçut un magnifique taureau blanc aux cornes dorées. Elle s'approcha et s'assit sur son dos. Brusquement le taureau se releva et s'élança sur les flots, emportant Europe jusqu'en Crète. Zeus, amoureux d'Europe, s'était métamorphosé en taureau pour l'enlever. Lorsque le dieu reprit sa forme humaine, la princesse l'aima aussitôt, et ensemble ils eurent trois fils, dont le célèbre Minos. Durant l'Antiquité, les Grecs appelaient Europe les territoires inconnus situés au nord et à l'ouest de leur pays.

UNE BORNE FRONTIÈRE AU MILIEU DES MONTAGNES

Au beau milieu des moyennes montagnes de l'Oural se dresse un grand obélisque de granit. Il marque la frontière entre l'Europe et l'Asie. Deux inscriptions fléchées indiquent à l'est la direction de l'Asie et à l'ouest celle de l'Europe. L'obélisque est situé au bord de la voie ferrée au kilomètre 1777 de la ligne de chemin de fer la plus longue du monde, le Transsibérien (9 289 kilomètres).

Mont Blanc
dans les Alpes :
4 810 mètres

Mont Elbrouz
dans l'Oural :
5 642 mètres

Mont Mulhacén
dans la sierra
Nevada :
3 482 mètres

Mont Hoverla
dans les Carpates :
2 061 mètres

LES ALPES, BARRIÈRE INFRANCHISSABLE ?

Comme les autres montagnes d'Europe, les Alpes n'ont jamais été un obstacle à la circulation des hommes, des marchandises, des idées. Des vallées profondément entaillées par les glaciers et aussi des cols en permettent le franchissement. Dès l'Antiquité, certaines routes qui passaient par les cols étaient très fréquentées. Le général carthaginois Hannibal, en – 218, partit d'Espagne et parvint à franchir les Alpes avec son armée de 50 000 hommes et ses éléphants de guerre pour attaquer Rome et défaire l'Empire.

Des reliefs mesurés

Le relief de l'Europe est extrêmement varié et ses espaces sont relativement réduits à l'échelle des autres continents. Globalement, on peut distinguer deux grandes zones : le nord et le centre sont couverts de collines, d'anciens massifs comme le Massif central en France et surtout d'immenses plaines comme la plaine germano-polonaise ; dans le sud, les hautes montagnes dominent avec notamment les Alpes aux sommets pointus recouverts de grands glaciers, dont le mont Blanc qui culmine à 4 810 mètres d'altitude, mais aussi avec les Pyrénées, les Carpates, les Balkans et le Caucase où se trouve le plus haut sommet d'Europe, le mont Elbrouz (5 642 mètres d'altitude)... Ces montagnes sont le résultat de la collision entre deux plaques tectoniques, la plaque africaine et la plaque eurasienne. Elles continuent de se soulever de quelques millimètres par an, mais l'érosion, avec le vent, la pluie et le gel, travaille à les aplanir. La rencontre des deux plaques de la croûte terrestre provoque aussi des séismes dans le sud de l'Europe (en Grèce, en Sicile) et entretient une importante activité volcanique en Italie, comme en témoignent l'Etna, le Vésuve ou le Stromboli...

L'ETNA EN SICILE, VOLCAN LE PLUS ACTIF D'EUROPE

Ce volcan a connu une centaine d'éruptions en un siècle, et ses coulées de lave ont duré parfois une année ! Et pourtant de nombreux villages peuplent ses flancs, car, à sa base, ses terres fertiles permettent les cultures de la vigne et des agrumes. L'Etna est une montagne massive en forme de cône culminant à 3 330 mètres d'altitude. Sa dernière éruption date de mai 2008, mais sa dernière grosse colère remonte à octobre 2002. Cette éruption s'est caractérisée par des séismes, par des fontaines de lave jaillissant du cratère et des coulées qui ont incendié des kilomètres de forêts sur leur passage, et enfin par de violentes explosions qui ont libéré des panaches de cendres. Celles-ci sont retombées pendant plus de trois semaines sur la ville de Catane, située à 20 kilomètres de là, bloquant parfois l'aéroport.

L'ISLANDE, UNE ÎLE À CHEVAL SUR DEUX PLAQUES TECTONIQUES !

Les plaques eurasienne et américaine s'écartent l'une de l'autre à la vitesse de 2 à 4 centimètres par an, provoquant une énorme faille au milieu de l'île et une forte activité volcanique. L'île compte près de 200 volcans, dont 150 sont en activité. Les Islandais utilisent cette chaleur de la Terre pour chauffer les maisons ou se baigner en hiver dans les sources d'eau chaude. Volcans, champs de lave, geysers, marmites de boue, fumerolles, déserts évoquent des décors lunaires. Pas étonnant, donc, que les astronautes soient venus s'y entraîner avant d'aller marcher sur la Lune !

LA GRANDE PLAINE HONGROISE

En Hongrie, une grande plaine couvre la moitié du pays. Son point le plus haut est à 182 mètres d'altitude. C'était, il y a 3 à 6 millions d'années, une montagne, puis une mer intérieure. Lorsque cette mer s'est asséchée, elle a laissé place à la plaine et à la Puszta, une steppe qui pousse sur un sol sablonneux et salé. Les routes semblent se perdre au loin et parfois des mirages se dessinent. On voit les silhouettes des villes à des kilomètres à la ronde.

Les mers : ouvert

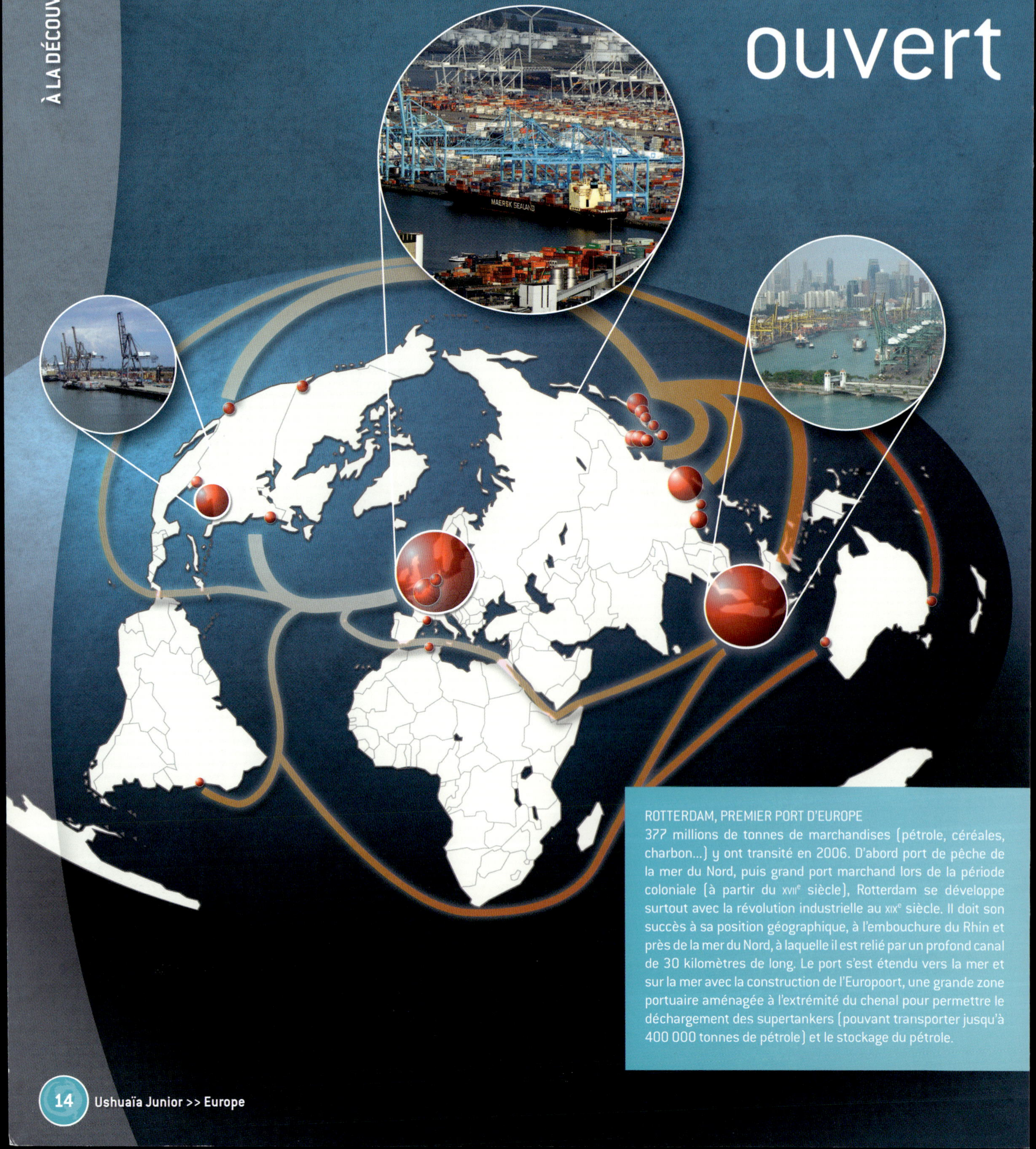

ROTTERDAM, PREMIER PORT D'EUROPE

377 millions de tonnes de marchandises (pétrole, céréales, charbon…) y ont transité en 2006. D'abord port de pêche de la mer du Nord, puis grand port marchand lors de la période coloniale (à partir du XVIIe siècle), Rotterdam se développe surtout avec la révolution industrielle au XIXe siècle. Il doit son succès à sa position géographique, à l'embouchure du Rhin et près de la mer du Nord, à laquelle il est relié par un profond canal de 30 kilomètres de long. Le port s'est étendu vers la mer et sur la mer avec la construction de l'Europoort, une grande zone portuaire aménagée à l'extrémité du chenal pour permettre le déchargement des supertankers (pouvant transporter jusqu'à 400 000 tonnes de pétrole) et le stockage du pétrole.

un continent sur le monde

De l'Atlantique à la Méditerranée en passant par les mers côtières du nord (Manche, mer du Nord, Baltique...) et la mer Noire au sud-est, l'Europe possède le territoire maritime le plus étendu du monde, ce qui a facilité les échanges lors des siècles passés lorsque les transports terrestres étaient lents et difficiles. Sur ses 32 000 kilomètres de côtes vit 60 % de sa population. Berceau de la civilisation européenne, la Méditerranée a été une voie d'échanges commerciaux et culturels importante dès l'Antiquité entre Europe et Afrique et Europe et Moyen-Orient. Mer intérieure ouverte sur l'Atlantique par le détroit de Gibraltar (14 kilomètres) et sur l'océan Indien par le canal de Suez, elle demeure le lieu d'une intense navigation de commerce et de plaisance. L'Atlantique, deuxième océan de la planète par sa taille, a longtemps effrayé les navigateurs, qui longeaient les côtes sans s'aventurer en pleine mer. Il a fallu attendre les progrès de la navigation pour qu'il soit exploré lors des Grandes Découvertes. C'est aujourd'hui la plus grande autoroute maritime du monde !

VENISE, UNE VILLE SUR LA MER

Village de pêcheurs dans une lagune de la mer Adriatique en Italie, Venise s'est agrandie sur la mer en construisant maisons, églises et palais sur pilotis. De multiples canaux faisant fonction de routes et des ponts permettent la circulation. Pendant près de 1 000 ans, Venise a été une riche ville de marchands, le plus important port de la Méditerranée, qui dominait le commerce entre l'Europe et l'Orient. Elle est devenue un lieu important du tourisme européen, accueillant des millions de visiteurs. Aujourd'hui, c'est une ville menacée par la montée générale du niveau des mers et par l'affaissement des sols marécageux sur lesquels elle repose.

SAINT-MALO, LA CITÉ CORSAIRE

Le corsaire n'est pas un pirate : il ne vole pas une cargaison, il la confisque pour le roi. C'est à partir du XVIe siècle, lors de l'expansion du commerce avec les Amériques et les Indes et des guerres maritimes entre pays européens, que la cité de Saint-Malo deviendra célèbre pour ses corsaires. Ainsi Surcouf, surnommé le Tigre des Mers, fit fortune en multipliant les abordages pour le compte de la France. En 1800, la prise du *Kent*, l'un des navires les plus prestigieux de la riche Compagnie des Indes, suscita l'admiration de tous les marins. Avec 130 hommes à l'abordage, le corsaire triompha de 500 marins anglais !

Zoom

LA MÉDITERRANÉE, LA MER LA PLUS POLLUÉE ?

Mer presque totalement fermée sans grand courant ni marée, la Méditerranée est malade de la pollution qui menace sa faune, sa flore et aussi les habitants des côtes. Un million de tonnes de pétrole y est déversé chaque année, du fait des nettoyages illégaux (dégazages) des pétroliers en mer. Les bateaux de pêche, avec leurs filets, raclent les fonds et les détruisent. Mais la plus grande pollution vient des côtes. De nombreuses villes déversent dans la mer leurs eaux d'égout, et des usines leurs déchets souvent toxiques, sans parler des ordures jetées, comme les plastiques, qui sont responsables de la plupart des problèmes dont souffrent les animaux marins, en particulier les oiseaux.

LA VOLGA, LE PLUS LONG DES FLEUVES EUROPÉENS

3 690 kilomètres de long ! Les Russes l'appellent Matouchka, « petite mère adorée ». Avec ses 100 affluents, elle arrose plus du tiers de la Russie d'Europe. Dès le Moyen Âge, elle était l'une des principales voies de transport en Europe orientale, reliant les bassins de la mer Noire, de la Baltique et de la Caspienne. Pendant quatre mois, elle est impraticable, hibernant sous les glaces. Lors de la fonte des neiges au printemps, son débit passe à 50 000 mètres cubes par seconde. Avant, elle inondait tout sur son passage. Aujourd'hui, d'énormes barrages et de gigantesques digues la canalisent et de nombreuses industries se sont installées dans sa vallée. Elle demeure une grande voie de navigation, sillonnée en tous sens par des pétroliers, des convois de barges, des cargos et des hydroglisseurs.

Les fleuves, voies d'échanges

L'Europe possède un réseau de fleuves et de rivières très dense. Dès la préhistoire, les fleuves ont joué un grand rôle dans les zones de peuplement puis d'installation des villes : Londres et la Tamise, Budapest et le Danube... Dès que les hommes ont maîtrisé la navigation, les fleuves sont devenus des voies de migrations, d'échanges de savoir-faire, et des axes essentiels pour le commerce. Ainsi, par le Danube, le Don, le Dniepr, l'Elbe..., les mers du sud ont été reliées à la mer Baltique au nord, et, par le Rhin et ses affluents, l'Europe centrale a été mise en relation avec l'Europe de l'Ouest. Bien souvent, pour améliorer la navigation, il a fallu dompter ces fleuves par des digues et des barrages, et des canaux ont été construits pour les relier entre eux, comme le canal Rhin-Main-Danube. Outre leur rôle de voies de transport, les fleuves sont aussi des producteurs d'énergie avec les barrages électriques et des distributeurs d'eau pour l'irrigation des cultures. Leurs rives offrent bien souvent des terres fertiles pour l'agriculture. Tout cela explique que leurs vallées soient souvent très peuplées.

LE TRANSPORT FLUVIAL, UNE VOIE D'AVENIR ?

Le transport de marchandises par voie d'eau connaît aujourd'hui un renouveau, notamment dans les pays du nord comme l'Allemagne ou les Pays-Bas. Il est moins coûteux et pollue moins que le transport routier. Une tonne transportée par bateau consomme cinq fois moins de gazole que par camion pour la même distance. Un convoi de deux barges équivaut à 220 camions de moins sur la route. Les équipes de mariniers logent sur le bateau, qui navigue en continu avec l'aide de radars la nuit et par temps de brouillard, ce qui le rend concurrentiel pour la vitesse du transport. Il y a les automoteurs de petite taille et les bateaux-pousseurs à plusieurs moteurs capables de pousser des convois de trois barges mesurant jusqu'à 285 mètres de long et d'une capacité de 27 000 tonnes !

PARIS, FILLE DE LA SEINE

La ville est née sur l'île de la Cité, au milieu de la Seine, un site à la fois refuge lors de guerres et aussi voie de passage et donc de communication. Son nom vient de la tribu gauloise des Parisii (nom qui signifie, en celte, une embarcation sur l'eau). Le fleuve fournissait du poisson pour l'alimentation et de l'eau pour les habitants. La ville s'est ensuite agrandie le long de ses rives et autour de ses ports. Elle a profité du fleuve comme voie de transport pour assurer son ravitaillement et développer son commerce. Aujourd'hui, la Seine continue d'alimenter Paris en eau après son passage par des stations de traitement pour la rendre potable. Elle représente encore la voie d'un intense trafic de marchandises venant du port maritime du Havre.

LE RHÔNE

Ce fleuve prend sa source dans les Alpes suisses, c'est alors un torrent qui traverse fougueusement le lac Léman et les montagnes. Puis il emprunte une vallée qui porte son nom, la vallée rhodanienne, et s'assagit. Après 812 kilomètres de course, il se jette enfin dans la Méditerranée dans le delta de la Camargue. Les hommes se sont installés dans sa vallée dès la préhistoire. Seul fleuve à relier la Méditerranée à l'Europe du Nord, le Rhône, avec son affluent la Saône, constitue depuis l'Antiquité un axe majeur de circulation des marchandises et des hommes. 27 barrages et 17 écluses ponctuent aujourd'hui sa course, et 22 usines hydroélectriques, 6 centrales nucléaires et de nombreuses serres de cultures maraîchères sont implantées sur ses rives en profitant de ses eaux.

Le saviez-vous ?

BIALOWIEZA, LA DERNIÈRE FORÊT PRIMAIRE D'EUROPE

Cet espace forestier exceptionnel situé entre la Pologne et la Biélorussie était une des réserves de chasse des rois et des tsars et a donc bénéficié d'une protection. La faune et la flore s'y développent naturellement depuis des siècles. Aucun arbre n'y est jamais abattu, semé ou bien défriché. Au sein de la réserve, on recense de très vieux arbres, près de 809 espèces de plantes et 3 000 de champignons, 200 types de mousses et 277 de lichens. La réserve est également habitée par plus de 120 espèces d'oiseaux, 12 000 espèces d'invertébrés (principalement des insectes) et 58 mammifères (dont le plus connu est le bison, symbole de la Pologne).

Les paysages européens

L'Europe se caractérise par l'extrême variété de ses paysages, façonnés par le relief, le climat, les sols et aussi les hommes. À la préhistoire, les prairies, formées de hautes herbes, dominaient dans l'est de l'Europe, tandis qu'une forêt dense recouvrait une grande partie de l'ouest et du nord. Dans le nord, au climat froid, c'était essentiellement la forêt de conifères (la taïga). Dans le centre, au climat tempéré, c'était la forêt de feuillus formée de chênes, d'érables et d'ormes, avec parfois aussi la forêt mixte feuillus-conifères et, dans le sud méditerranéen, la forêt de chênes verts ou de chênes-lièges. Dès le Néolithique, avec l'invention de l'agriculture, les hommes ont défriché des forêts pour cultiver des terres, pour se chauffer et construire des maisons. Ils ont ensuite bâti des villes, des routes, puis des usines… Les paysages naturels ont donc disparu il y a bien longtemps, cédant la place à des paysages modelés par l'homme, des paysages agricoles aux paysages industriels en passant par les paysages urbains et les forêts aménagées…

LES MILIEUX MÉDITERRANÉENS, MILIEUX FRAGILES

Le climat méditerranéen est le seul climat au monde où la saison chaude est aussi la saison sèche. La végétation s'est adaptée aux contraintes climatiques. La forêt méditerranéenne est ainsi composée d'arbres de petite taille, espacés, aux petites feuilles vernissées pour limiter l'évaporation de l'eau et persistantes. Cette forêt a été défrichée dès l'Antiquité pour en faire des pâturages. Et lorsque les pâturages ont été abandonnés, elle a laissé place au maquis ou à la garrigue, composés de plantes plus ou moins basses, souvent épineuses, ou à des forêts de conifères. Ces milieux marqués par la sécheresse sont fragiles, ravagés par les incendies l'été, attaqués l'automne par des averses violentes qui lessivent les sols.

LA FORÊT DE TRONÇAIS, AU CENTRE DE LA FRANCE

Elle est considérée comme la plus belle chênaie d'Europe, au point que ses chênes sont classés monuments historiques. Certains portent des noms, comme la Sentinelle, chêne âgé de 475 ans et possédant un tronc de 6,5 mètres de circonférence. Au XVIIe siècle, comme de nombreuses forêts disparaissaient, Colbert, ministre du roi Louis XIV, décida qu'on sèmerait régulièrement des glands à cet endroit. Il voulait créer une belle futaie pour fournir des bois de qualité destinés à la fabrication des navires de la flotte royale. Chaque année, des arbres sont coupés à l'âge de 250 ans. Ils servent par exemple à la fabrication de tonneaux pour les grands vins.

LES PAYSAGES, UN ENJEU NOUVEAU

Avec le traité de la Convention européenne du paysage, signé en 2000, c'est la première fois que l'on se préoccupe des paysages dans leur ensemble. Désormais, les pays d'Europe considèrent que les paysages sont partout un élément important de la qualité de vie des populations, qu'ils constituent un élément essentiel du bien-être des hommes. Les paysages font partie du patrimoine de chaque pays et fondent leur identité, par exemple l'Espagne et ses champs d'oliviers. Il faut donc conserver précieusement leur diversité. Chaque pays s'est lancé dans un vaste recensement de tous ses paysages pour établir un atlas des paysages d'Europe.

LES PLUS VIEUX OSSEMENTS EUROPÉENS

Une équipe internationale de scientifiques a récemment découvert des restes d'hominidés datés de 1,8 million d'années, sur le site de Dmanisi en Géorgie (dans le Caucase). Ce serait l'ancêtre des Eurasiatiques. En 2007, quatre nouveaux fossiles ont pu être identifiés, dont celui d'un adolescent dont il restait le crâne et de nombreux fragments des membres inférieurs. Ces hommes anciens de Dmanisi sont peut-être les premiers à avoir quitté l'Afrique pour coloniser le reste du monde. Ils sont actuellement les plus anciens hominidés découverts en dehors de l'Afrique.

LES CELTES, ARTISANS DU FER

Originaires de la région du haut Danube, les Celtes se sont répandus à travers l'Europe de l'Ouest à partir du ve siècle avant J.-C. Là, ils se sont installés soit par la négociation, soit par la force, puis ils se sont mélangés aux peuples locaux. Ils maîtrisaient le travail du fer, qu'ils utilisaient pour fabriquer des armes et des outils pour l'agriculture. Les guerriers celtes étaient des cavaliers équipés d'une longue épée de fer très solide qui leur donnait l'avantage dans les combats. Ils croyaient en plusieurs dieux de la Nature, comme Teutatès, dieu de la Tribu. Leurs prêtres, les druides, étaient aussi savants et médecins.

– 35 000 AVANT J.-C.
L'homme moderne (*Homo sapiens*), parti du Proche Orient, peuple l'Europe.

– 500 AVANT J.-C.
Les Celtes, venus du haut Danube, migrent vers le Sud et l'Ouest de l'Europe.

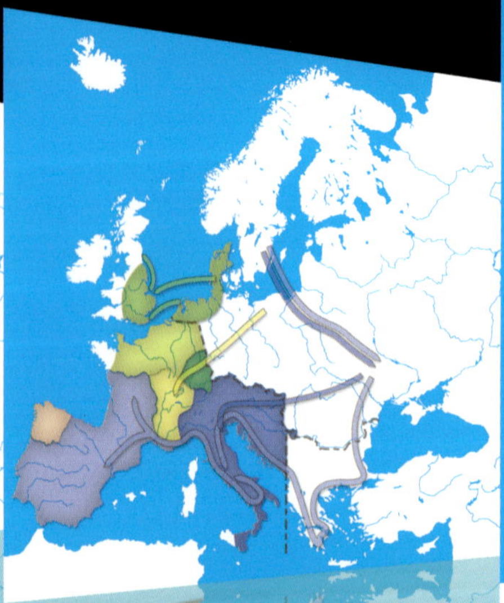

200 – 500
Les Germains (Goths, Saxons, Francs…) partent à la conquête du continent.

600 – 900
Les Slaves agrandissent leur territoire.

Le peuplement de l'Europe

L'homme moderne est venu du Proche-Orient peupler l'Europe vers 35 000 ans avant Jésus-Christ. Puis, dans l'Antiquité, entre 2 000 avant J.-C. et 1 000 avant J.-C., les Indo-Européens, un ensemble de peuples parlant des langues à la même origine et qui vivaient aux confins de l'est de l'Europe, se mettent à migrer. Certains partent vers l'ouest de l'Europe, d'autres vers l'est, en Inde et en Iran. Ils vont ensuite se différencier en différents peuples. Généralement, les peuples de l'est vont migrer vers l'ouest, poussés par des tribus de cavaliers nomades venus d'Asie. C'est le cas des Celtes, la première grande vague de peuplement vers 500 avant J.-C. Puis, du IIe au IVe siècle après J.-C., c'est au tour des peuples germains, originaires du nord de l'Europe, comme les Francs, les Goths, les Burgondes... Deux siècles plus tard, ce sont les Slaves qui sont à la recherche de terres. Du VIIe au Xe siècle, deux peuples, cette fois non indo-européens, achèvent le temps des grandes migrations en s'installant en Europe : les Bulgares, d'origine turco-mongole, et les Hongrois, venus de l'Oural. Le peuplement de l'Europe est donc le résultat d'un brassage des peuples à l'intérieur du vaste continent eurasiatique.

LES VIKINGS

À partir des années 790, ces habiles navigateurs ne cessent de voyager et d'envahir le reste de l'Europe. Alors que les Suédois descendent les fleuves de l'Europe centrale pour faire du commerce et fondent un État russe à Kiev, les Norvégiens et les Danois, en quête d'or, d'exploits guerriers et de terres à coloniser, entament une série de raids sur les côtes des îles Britanniques, d'Irlande, de France, jusqu'en Sicile. Ils colonisent l'Islande et vont même jusqu'en Amérique, qu'ils abordent avant Christophe Colomb ! Pendant 300 ans, ils pillent tout sur leur passage, mettant les villages à feu et à sang, profanant des églises, effrayant les chrétiens. Pour arrêter ces pillages, le roi de France donne en 911 à Rollon, un chef de ces hommes du nord, un territoire qui deviendra la Normandie.

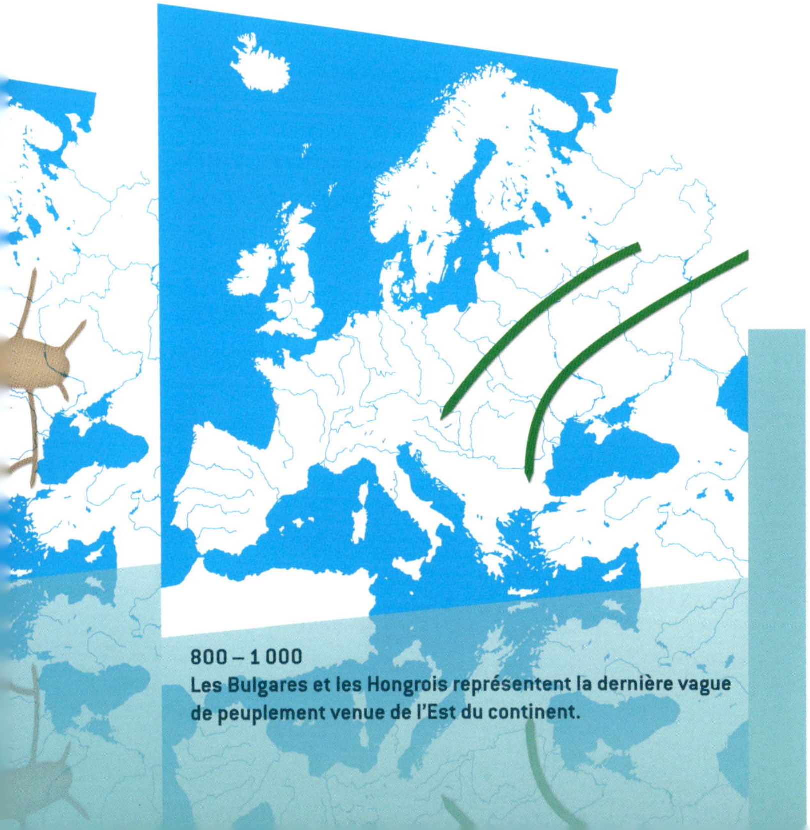

800 – 1 000
Les Bulgares et les Hongrois représentent la dernière vague de peuplement venue de l'Est du continent.

LA GRANDE-BRETAGNE ET UN RÉSISTANT À L'ENVAHISSEUR NOMMÉ ARTHUR

Habitée dès la préhistoire, la Grande-Bretagne a ensuite connu un peuplement celte vers – 500 avant J.-C. avant d'être une colonie de l'Empire romain. À partir du Ve siècle après J.-C., l'Empire romain vacille et abandonne l'île, qui subit alors les assauts des peuples germains venus de Scandinavie : les Angles, les Saxons... C'est dans cette période sombre et troublée que naît la légende du roi Arthur. Celui-ci serait parvenu à mettre d'accord les chefs bretons et gallois pour combattre les envahisseurs saxons. Mais les Saxons finiront par occuper presque toute l'île. Les conteurs se sont emparés de cette histoire et l'ont enjolivée pendant les siècles suivants avec notamment les légendes des chevaliers de la Table ronde.

GALILÉE : LE DÉCOUVREUR DES ÉTOILES

Alors que la Bible affirmait que la Terre était au centre de l'univers, au XVIe siècle, le mathématicien Copernic imagina qu'elle tournait autour du Soleil. En 1610, l'Italien Galilée (1564-1642) en apportera la preuve visible. Il invente une lunette révolutionnaire, qui grossit trente fois ce que voit l'œil nu, et il observe le ciel. Il découvre un univers nouveau, il voit les lunes qui tournent autour de Jupiter et aussi les phases de Vénus ; c'est la preuve que, comme la Terre, ces planètes tournent autour du Soleil. Pour lui, l'expérience est le premier moyen de découvrir et de vérifier les lois physiques. En utilisant l'expérimentation et le langage mathématique, il est le premier fondateur de la science moderne.

Une Europe novatrice

Du xve au xxe siècle, l'Europe fait preuve d'audace et d'un dynamisme exceptionnel, avec une soif de découvertes dans tous les domaines. Ses philosophes (Descartes, Voltaire) cherchent une réponse aux questions de l'homme en se fondant sur la raison. Leurs idées, comme celles des poètes et des écrivains, circulent grâce au livre imprimé (inventé par Gutenberg en 1453). Les révolutions politiques conduisent à mettre en place les premières démocraties : le gouvernement de la majorité, dans le respect des droits de l'Homme. La science moderne, basée sur les expériences, permet de découvrir le monde sous un jour nouveau et de le comprendre. Les progrès sont exceptionnels en physique (Galilée, Newton, Einstein), en chimie (Lavoisier), en biologie (Pasteur, Koch), etc. Un extraordinaire éclat marque aussi l'évolution des techniques. L'utilisation de nouvelles sources d'énergie (charbon, vapeur, électricité, pétrole) et de nouvelles machines (machine à vapeur de Watt) permettront de produire plus de richesses et d'inventer de nouveaux transports (chemin de fer, bateau à vapeur, avion), qui rendent les déplacements plus rapides. À ce moment-là, l'Europe prend une avance technique importante sur le reste du monde. Enfin, depuis la Renaissance avec les peintres (Léonard de Vinci) en passant par les grands musiciens (Bach, Mozart, Verdi, Tchaïkovski), la création artistique est incessante.

LIBERTÉ, ÉGALITÉ : LA DÉCLARATION DES DROITS DE L'HOMME ET DU CITOYEN

Dès juillet 1789, au début de la Révolution française, les députés de l'Assemblée nationale préparent une déclaration des droits. Ils rédigent une trentaine de projets avant d'aboutir à la Déclaration des Droits de l'Homme et du citoyen que nous connaissons, qui sera proclamée le 26 août. Est-ce une innovation historique ? Non, car les Anglais, en 1689, et surtout les Américains, en 1776, avaient élaboré les premières déclarations des Droits. Mais la Déclaration des Droits de l'Homme et du citoyen française a une universalité qui la distingue et qui en fait un monument pour l'éternité, valable en tous temps et en tout lieu. Dans son article 1er, elle énonce : « Les hommes naissent et demeurent libres et égaux en droits », ouvrant la voie à l'abolition de l'esclavage.

1895 : LE CINÉMA, UNE TECHNIQUE ET UN ART

Une série de découvertes (comme la persistance rétinienne) et de mises au point techniques (avec la photographie, en 1823, ou la première matière plastique, le Celluloïd, en 1870) rendent possible une nouvelle invention : la projection d'une série d'images successives (16, à l'époque) donnant l'illusion du mouvement. En 1895, les frères Lumière remportent un extraordinaire succès avec leur cinématographe. Ils font rire aussi avec leur premier film comique, qui dure 49 secondes. Alors qu'un jardinier arrose son jardin, un enfant met discrètement le pied sur le tuyau d'arrosage. Le jardinier, s'étonnant de ne plus avoir d'eau, examine le bout du tuyau. C'est alors que l'enfant retire son pied et que l'arroseur se retrouve arrosé !

LA PÉNICILLINE, OU SAVOIR PROFITER DU HASARD

En 1928, le médecin écossais Alexander Fleming rentre de vacances et retrouve son laboratoire, où il fait des recherches sur les maladies infectieuses et où il a laissé des cultures de bactéries, espérant observer leur développement. Or il a la mauvaise surprise de constater qu'un champignon microscopique utilisé dans un laboratoire voisin est venu contaminer ses cultures, qui sont désormais inutilisables. Avant de s'en débarrasser, il a l'idée de les examiner attentivement. Il constate alors que les bactéries infectieuses ne se développent pas à proximité du champignon. Il émet l'hypothèse que ce champignon, qu'il appelle « pénicilline », empêche la prolifération des bactéries ou les détruit. La pénicilline est à l'origine des antibiotiques, qui permettront de traiter les maladies bactériennes : une révolution médicale.

L'Europe domine le monde

LES CABINETS DE CURIOSITÉS

À partir du XVe siècle, les explorateurs et savants européens rapportent de toutes les régions du monde des plantes, des animaux et des minéraux inconnus. Ces raretés exotiques sont exposées dans les cabinets de curiosités qui se créent dans les villes d'Europe. Ces ancêtres des musées sont des lieux clos, aménagés par des collectionneurs. Ils présentent, en vrac, des coquillages, des minéraux, des fossiles, des fleurs, des fruits, des animaux naturalisés, des costumes... Au XVIIIe siècle apparaissent des cabinets d'histoire naturelle, dont la vocation est l'étude de la faune et de la flore.

DES INDIENS CATHOLIQUES

À la suite de la découverte du continent américain (Christophe Colomb, 1492), l'Église catholique impose sa foi aux peuples autochtones des nouveaux territoires. En 1524, des missionnaires débarquent au Mexique, soumis par Cortés, un conquistador espagnol. Ils commencent par brûler les lieux de cultes qu'ils considèrent comme païens. Mais ils se rendent compte qu'ainsi ils éloignent les populations du christianisme. Alors, pour transmettre et imposer leur religion, ils enlèvent les enfants à leurs parents et les forment dans des couvents. Une fois convertis, les enfants montrent l'exemple à leur famille. Ils ont pour mission de leur expliquer que la conversion les protégera contre l'esclavage (l'esclavage est interdit entre chrétiens) et les mauvais traitements. Aujourd'hui, près de la moitié des catholiques vivent en Amérique latine.

PREMIER ROMAN D'AMOUR AU MEXIQUE ET AUX PHILIPPINES

Le roman *La Diane*, de l'écrivain espagnol Montemayor, raconte les histoires d'amour d'une belle et jeune bergère. Paru en Espagne en 1542, il devient vite un best-seller. Il est traduit et imprimé en portugais, en français, en anglais, en allemand. L'Europe en raffole. Mais surtout, pour la première fois dans l'histoire, un roman européen va traverser les océans Atlantique, Indien et Pacifique. Il sera lu par les autochtones ayant adopté la langue des envahisseurs des colonies récemment conquises : Mexique, Brésil, archipel des Philippines. Quelques années plus tard, les livres européens (Ésope, Cervantès et même une grammaire latine) seront imprimés au Mexique puis aux Philippines.

Au XVe siècle, la planète était composée de plusieurs mondes mal reliés ou isolés qui ne se connaissaient pas entre eux. Les Européens ont une avance technique naissante (caravelle, boussole, armement), ils sont curieux, et ils veulent trouver des routes directes vers l'or et les épices. Ils partent à l'aventure et vers l'inconnu à travers les océans. Peu à peu, ils vont découvrir et explorer tous les continents. Ils font l'inventaire de ces nouveaux territoires, de leurs hommes, de leurs animaux et de leurs plantes. Ils représentent la planète sur des cartes. Ils se lancent dans le commerce international. Enfin, ils européanisent le monde. Ils répandent leurs techniques, leurs langues, leur religion, leurs valeurs, leurs hommes vers les pays « neufs », par la force, les armes le plus souvent. Les populations indigènes doivent se soumettre. La domination de l'Europe toute-puissante sur le reste du monde trouvera son apogée à la fin du XIXe : l'Europe conquiert alors presque totalement le monde, colonisant aussi l'Afrique et l'Asie (sauf la Chine et le Japon).

LES GRANDES TRAVERSÉES DU MOUTON MÉRINOS
Après la découverte de l'Australie (James Cook, en 1770), les Anglais hissent leur drapeau sur l'île et refoulent les Aborigènes vers l'intérieur des terres. L'Australie n'hébergeant aucun animal domesticable, les colons anglais qui partent s'y installer embarquent à bord de leurs navires des troupeaux de moutons mérinos, les plus réputés d'Europe en raison de la finesse de leur laine. Outre la laine, le mouton fournit de la viande, du cuir et du lait. L'élevage du mouton dans les grandes plaines de l'ouest participera grandement à l'essor de l'Australie au XIXe siècle. Aujourd'hui, l'Australie est le plus grand producteur et exportateur mondial de laine et de moutons.

STALINGRAD : LA PLUS TERRIFIANTE BATAILLE DE LA SECONDE GUERRE MONDIALE

En 1942, le chef de l'Allemagne nazie, Hitler, ordonne à son armée la plus puissante d'anéantir Stalingrad (aujourd'hui Volgograd), une grosse ville industrielle russe et aussi la voie d'accès au pétrole du Caucase (les Allemands n'ont pas de carburant). À l'automne, l'aviation et l'artillerie allemandes transforment Stalingrad en champ de ruines. Mais la ville résiste. Les soldats russes sont formés au combat rapproché, ils se cachent dans les caves et les égouts, et des tireurs d'élite sont postés dans les décombres. Puis un général russe, Joukov, masse 1 million d'hommes près de Stalingrad et, quand le gel durcit le sol, reconquiert la ville mètre par mètre. En février 1943, l'armée allemande capitule. Cette effroyable bataille a fait près de 2 millions de tués ou blessés.

L'Europe de la guerre

La Révolution française fait naître l'idée de la guerre pour défendre la liberté d'un peuple face à des tyrans autoritaires. En même temps, l'idée de nation se met en place. Auparavant les hommes restaient de père en fils dans une même région, un même village, ils parlaient une langue régionale ou un patois. Au cours du XIXe siècle, ils commencent à aller travailler en ville dans les usines, puis à parler une même langue, la langue commune à un pays, à voter, à aller tous à l'école et à faire leur service militaire. Ils ont le sentiment non plus d'appartenir à un village, mais à une même nation. Des États-nations (Belgique en 1830, Italie en 1870, Allemagne en 1871) se créent. Ces nations se font une guerre économique. Parallèlement, des peuples qui se sentent prisonniers des empires (Autriche-Hongrie, Empire ottoman, Russie) réclament le droit de créer leurs propres États-nations (Grèce, Roumanie). Cette situation débouche sur la Première Guerre mondiale. C'est la première fois dans l'histoire qu'une guerre mobilise des nations entières et tue autant d'hommes. Vingt ans plus tard, la Seconde Guerre mondiale verra s'affronter les fascismes (dont le nazisme), qui prônent l'autorité et la soumission, la domination et l'obéissance, la supériorité de quelques-uns, contre les démocraties, qui prônent la liberté, l'égalité et la fraternité. Elle fera de 50 à 60 millions de morts.

MENTEUR COMME UN *BULLETIN DE LA GRANDE ARMÉE*

Au lendemain de la Révolution française, l'empereur Napoléon Bonaparte entreprend de conquérir l'Europe à la tête de la Grande Armée (jusqu'à 600 000 hommes). Pour faire accepter cette idée aux Français, il utilise tous les moyens. Ainsi, il crée le *Bulletin de la Grande Armée*, un petit journal qui raconte les victoires de l'armée et qui décrit Napoléon comme un chef militaire exceptionnel : il conduit les batailles avec génie et sait réconforter les simples soldats. Le *Bulletin* sert à la propagande et raconte par exemple que les soldats aiment tellement Napoléon que même les blessés agonisants se relèvent pour l'acclamer. Annoncé au son du tambour dans chaque village de France, le *Bulletin* est lu par le maire. Napoléon restera au pouvoir jusqu'en 1815, car les Français le soutiendront jusqu'à ce que les défaites s'accumulent.

LA CONSCRIPTION POUR TOUS LES HOMMES

À partir de la fin du XIXe siècle, et pendant plus de 100 ans, les pays d'Europe (sauf le Royaume-Uni) instaurent la conscription, c'est-à-dire le service militaire obligatoire pour tous les hommes. Il a lieu en temps de paix et prépare ces jeunes hommes à la guerre de masse, pendant une ou plusieurs années au sein de l'armée. Ce service obligatoire est aussi vu comme un moyen de compléter la formation civique des citoyens et de mélanger les ouvriers et les bourgeois. Il aura comme conséquence de faire accepter par les familles (chaque fils est appelé sous les drapeaux) les valeurs de devoir et de sacrifice, sur lesquelles les pays s'appuient en cas de guerre. Aujourd'hui, la conscription est progressivement supprimée dans les différents pays d'Europe (comme en France en 1997).

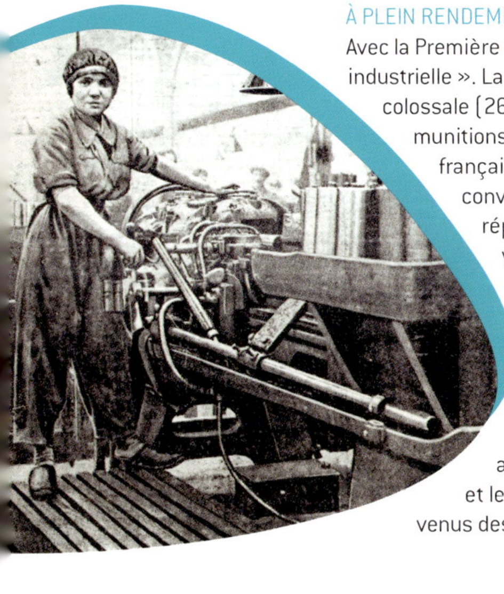

EN 1914-1918, LES USINES TOURNENT À PLEIN RENDEMENT POUR FABRIQUER L'ARMEMENT

Avec la Première Guerre mondiale, on parle de « guerre industrielle ». La consommation de munitions est tellement colossale (260 000 obus, 3 000 fusils et 6 millions de munitions d'infanterie sortent chaque jour des usines françaises en 1918) que les États en guerre doivent convertir toutes les industries de leur pays pour répondre aux besoins militaires. Les hommes valides étant sur le front, les gouvernements mobilisent les femmes pour travailler dans ces usines d'armement. Elles sont appelées « munitionnettes » en France, car elles travaillent à la fabrication des obus, des cartouches, des grenades et des fusées. L'Allemagne fait en outre appel aux prisonniers de guerre. La France et le Royaume-Uni engagent aussi des ouvriers venus des colonies.

Construire

Le saviez-vous ?

UN DRAPEAU ÉTOILÉ, SYMBOLE DE L'EUROPE

Le drapeau est composé de 12 étoiles de couleur or, disposées en cercle, sur fond bleu azur. Le fond bleu symbolise le ciel, et les étoiles en cercle, les peuples unis. Le nombre 12 est depuis l'Antiquité symbole de perfection et de plénitude. Ce drapeau n'a pas été facile à trouver ! Il a fallu cinq ans de recherches, une grande exposition à Paris, de multiples propositions (des croix, des étoiles, des combinaisons de couleurs – or sur bleu, vert sur blanc, blanc sur rouge –, des E comme Europe...) et autant d'échecs pour parvenir enfin à un accord de tous les pays sur le choix de ce drapeau.

une Europe pour la paix

Nombreux ont été les hommes au cours des siècles à rêver de l'union de l'Europe... Il a fallu deux guerres mondiales en moins d'un demi-siècle pour que cette idée prenne forme. En 1945, l'Europe est en ruines et pleure ses millions de morts. Elle doit s'unir pour ne pas se déchirer à nouveau et pour assurer une paix durable. Elle doit aussi s'unir pour exister et être plus forte face aux deux grandes puissances, les États-Unis et l'Union soviétique, qui ont divisé l'Europe en deux zones sous leur influence. Les débuts de la construction européenne ne sont pas toujours faciles, il y a des conflits et des désaccords entre les pays car ils ont du mal à partager leur pouvoir de décision. Mais, à tout petits pas, l'Europe réussit à se construire autour du noyau dur de l'Allemagne de l'Ouest et de la France avec l'Italie, la Belgique, les Pays-Bas et le Luxembourg : première étape en 1951 avec la création d'une Communauté européenne du charbon et de l'acier (CECA), deuxième étape en 1957 avec le Traité de Rome, qui donne naissance à la Communauté économique européenne (CEE). Ce traité prévoit la suppression des droits de douane aux frontières entre les pays membres, pour faciliter les échanges, et des politiques communes dans certains domaines comme l'agriculture. Objectif atteint, car, dès l'année suivante, le commerce augmente au sein de la CEE.

ÉCHEC D'UNE ARMÉE EUROPÉENNE

En 1950, une guerre éclate en Corée. Le monde est alors séparé en deux blocs (avec d'un côté les États-Unis et une moitié de l'Europe, de l'autre l'Union soviétique et l'autre partie de l'Europe), et des menaces semblent peser sur la paix. Dans ce contexte, Jean Monnet, l'un des « pères » de l'Europe, propose de créer une armée européenne, la CED. Un traité prévoyant une armée de 520 000 hommes est signé, mais finalement la France le rejette, craignant un réarmement de l'Allemagne seulement 5 ans après la fin de la Seconde Guerre mondiale. Plus de 50 ans plus tard, l'Europe n'a toujours pas d'armée commune, seulement un embryon avec l'Eurocorps.

QUI DÉCIDE ?

C'est le Conseil des ministres européen qui, lorsqu'il se réunit à Bruxelles, décide en votant les lois proposées par la Commission européenne. Il est formé des ministres de chaque pays membre représentants du sujet qui est à l'ordre du jour : par exemple, les ministres des Transports lorsque le sujet concerne les transports. La Commission, elle, est composée de membres des pays (un ou deux selon la taille du pays), choisis par les gouvernements pour cinq ans. C'est elle qui fait tout le travail, aidée par 20 000 fonctionnaires.

LA PAC, POLITIQUE AGRICOLE COMMUNE

Lors de sa création, la PAC a pour objectif d'augmenter les productions de céréales, de lait, de viande... pour permettre à l'Europe de se nourrir elle-même et aussi d'assurer le niveau de vie des agriculteurs. C'est un succès : grâce à la modernisation (achat de tracteurs, de moissonneuses-batteuses, d'engrais, etc.), un agriculteur qui nourrissait 15 personnes en 1950 en nourrit 50 en 1990. Mais cette politique coûte très cher à l'Europe et pousse les agriculteurs à utiliser des pesticides et à polluer. En 2003, la PAC est réformée : les agriculteurs reçoivent moins d'aides et doivent désormais se soucier davantage de la qualité des produits et de l'environnement.

L'Union européenne :

LE PARLEMENT EUROPÉEN, VOIX DES PEUPLES
À partir de 1979, les députés européens, qui siègent à Strasbourg, sont directement élus par les citoyens des différents pays membres. Les députés, élus pour cinq ans, donnent leur avis sur les propositions de loi de la Commission, votent le budget de l'Union (l'argent nécessaire à son fonctionnement et à ses politiques, qui est donné par chaque pays en fonction de sa taille et de sa richesse), et ils peuvent décider de directives et règlements dans certains domaines comme l'environnement. Mais leurs pouvoirs restent limités. En 2008, le Parlement compte 785 députés et représente les 492 millions de citoyens des 27 pays de l'Union.

une Europe occidentale unie

La construction européenne se poursuit les décennies suivantes (1970, 1980, 1990) avec l'intégration de nouveaux pays, d'abord la Grande-Bretagne, l'Irlande et le Danemark, puis la Grèce, l'Espagne et le Portugal, marquant ainsi la fin des dictatures en Europe, et enfin la Finlande, la Suède et l'Autriche... Cette Europe se développe sur des valeurs communes telles que la démocratie, le respect des droits de l'Homme, la liberté, l'égalité. En 1985, avec l'Acte unique, puis en 1992, avec le traité de Maastricht, les pays étendent leur coopération à de nouveaux domaines : l'éducation, la santé, l'emploi, la culture... et renforcent la libre circulation des marchandises, de l'argent et des hommes pour voyager, étudier, travailler, etc. Elle devient la première puissance économique mondiale (c'est-à-dire que c'est elle qui vend et achète le plus de produits). Elle change de nom : ce n'est plus la CEE, mais l'Union européenne. Des efforts sont faits pour la rendre plus proche des citoyens, et une citoyenneté européenne voit le jour avec un passeport commun. En revanche, l'union monétaire, destinée à simplifier les échanges, à développer le commerce et à concurrencer le dollar américain, peine à se réaliser, et les désaccords restent nombreux.

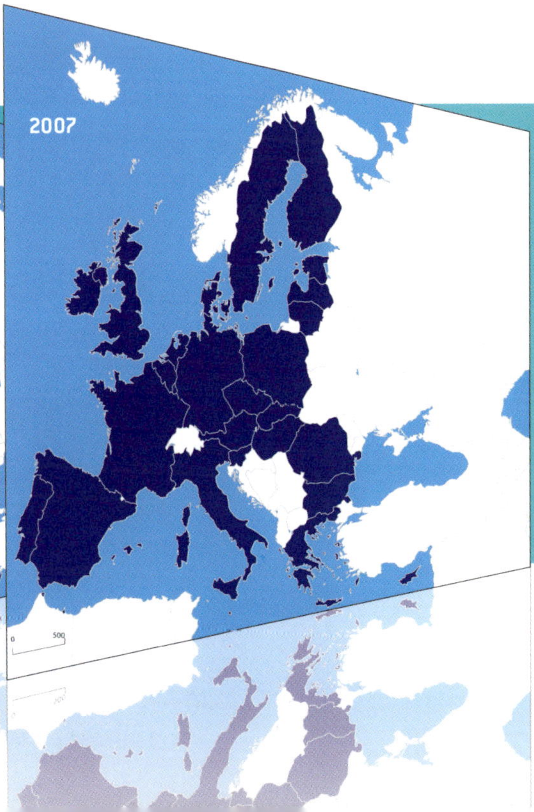

LES GRANDES ÉTAPES DE LA CONSTRUCTION DE L'UNION EUROPÉENNE :

- 1957 : France, Allemagne, Italie, Belgique, Luxembourg, Pays-Bas
- 1973 : Royaume-Uni, Irlande, Danemark
- 1981 : Grèce
- 1986 : Espagne, Portugal
- 1995 : Suède, Autriche, Finlande
- 2004 : Estonie, Lituanie, Lettonie, Pologne, République tchèque, Slovaquie, Hongrie, Slovénie, Malte, Chypre
- 2007 : Roumanie, Bulgarie

UN EXEMPLE DE COOPÉRATION : LA FUSÉE *ARIANE*

L'Europe ne veut plus dépendre des États-Unis pour lancer ses satellites dans l'espace. Alors, en 1975, elle crée l'Agence spatiale européenne et, en 1979, la première fusée *Ariane* est lancée. Onze pays de l'Union ont réuni leurs scientifiques et leurs efforts pour la fabriquer. La base de lancement se situe à Kourou, en Guyane française. Le dernier modèle, *Ariane 5B*, est capable de mettre en orbite des satellites de 10 tonnes.

LA NORVÈGE : POURQUOI EST-ELLE HORS UNION ?

À plusieurs reprises, la Norvège a refusé l'adhésion à l'Union européenne. La majorité de ses habitants estime que sa richesse en pétrole et l'importance de sa marine marchande lui permettent de supporter son isolement. Les agriculteurs et les pêcheurs surtout rejettent les politiques communes de l'agriculture et de la pêche, notamment la réglementation par espèce des quantités de poissons pêchées. Toutefois, la Norvège a signé un accord d'association avec l'Union européenne qui lui assure la libre circulation des marchandises, des services, des capitaux et des personnes au sein de l'Union.

L'UNION EUROPÉENNE (SUITE) : LA RÉUNIFICATION DU CONTINENT

À partir de 1989, l'Europe connaît un incroyable bouleversement avec la fin des régimes communistes à l'est de l'Europe. Après un demi-siècle de séparation forcée, les deux Europes sont réunifiées. Entre 2004 et 2007, l'Union européenne accueille 12 nouveaux pays attirés par les richesses et le niveau de vie de l'Ouest et par l'espoir d'une vie meilleure. Pour entrer dans l'Union, ces pays ont accéléré leur passage à la démocratie et la libéralisation de leur économie, et ils se sont engagés à respecter les droits de l'Homme (liberté de penser et de croire, de s'exprimer, de se déplacer, mais aussi droit à l'éducation, à la santé, au travail...). Cependant, leurs niveaux de vie et de développement restent plus bas que ceux des autres pays de l'Union et l'Europe doit faire un effort financier pour les aider. L'Europe connaît une nouvelle période de doutes et de crises. Elle s'interroge : doit-elle continuer à s'agrandir en accueillant de nouveaux pays, comme la Turquie ou l'Albanie, ou d'abord approfondir l'Union et améliorer son fonctionnement à 27 pays ?

LE PLUS GRAND SERVICE LINGUISTIQUE DU MONDE
Depuis 2008, l'Union européenne compte 23 langues officielles. 5 000 interprètes et traducteurs travaillent pour elle. Au quotidien, les services utilisent 3 langues de travail (le français, l'anglais, l'allemand), mais, pour les documents officiels et les réunions importantes, l'Union utilise 11 langues. Et pour l'ensemble des textes, il faut traduire dans toutes les langues. Les problèmes de traduction sont alors un véritable casse-tête ! En 2005, quelque 5 000 documents, totalisant environ 80 000 pages, ont été traduits par les soins du Service linguistique dans chacune des langues officielles et de travail.

Zoom

L'EURO, UNE MONNAIE UNIQUE

Après bien des péripéties, la monnaie unique voit enfin le jour. Le 1er janvier 2002, 12 pays (certains, comme la Grande-Bretagne, ont voulu garder leur monnaie) adoptent l'euro en remplacement de leur monnaie nationale. Les billets sont partout identiques, alors que les pièces ont une face commune (carte de l'Europe et étoiles du drapeau) et une face nationale (la harpe pour l'Irlande, Léonard de Vinci pour l'Italie...). L'euro simplifie la vie des entreprises qui font du commerce et des citoyens qui voyagent, il permet de faire des économies de change, et aujourd'hui c'est une monnaie forte qui concurrence le dollar américain dans le commerce mondial.

LE FONDS DE DÉVELOPPEMENT RÉGIONAL : UNE AIDE AUX RÉGIONS PAUVRES

C'est l'une des politiques communes de l'Europe dès les années 1970. Ce Fonds a par exemple aidé l'Espagne, le Portugal ou l'Irlande à rattraper leur retard de développement par rapport aux autres pays de l'Union. Ainsi, en dix ans, ces pays se sont équipés d'un réseau routier comparable à celui des autres pays. Ce Fonds européen a aussi donné de l'argent pour construire des écoles, des hôpitaux...

DES EFFORTS EN FAVEUR DE L'ENVIRONNEMENT

Afin de lutter contre le réchauffement climatique, l'Union s'est engagée à appliquer le protocole de Kyoto et à réduire ses émissions de gaz carbonique de 8 % d'ici à 2012. Elle interdit l'utilisation de nombreuses substances chimiques et polluantes. Elle encourage le tri sélectif des déchets. Elle a créé un label écologique récompensant des produits (lessives, vêtements, ordinateurs...) qui n'abîment pas l'environnement ; cet écolabel européen, apposé sur les emballages, est représenté par une fleur aux pétales bleus en étoiles. Enfin, elle a inscrit dans ses valeurs le développement durable, qui a pour objet de préserver la Terre et la vie dans toute sa diversité.

LA CHUTE DU MUR DE BERLIN

Après la Seconde Guerre mondiale, l'Allemagne est divisée en deux pays : l'Allemagne de l'Ouest, libérale, et l'Allemagne de l'Est, communiste. Sa capitale, Berlin, est également coupée en deux. Un mur de 3,60 mètres de haut et de 160 kilomètres de long, avec 300 miradors et des gardes, est construit afin d'empêcher les Allemands de l'Est de s'enfuir à l'Ouest. Dans la nuit du 9 au 10 novembre 1989, des milliers de jeunes Allemands de l'Est et de l'Ouest brisent le mur. Des manifestations ont lieu et le gouvernement de l'Allemagne de l'Est vacille et démissionne. C'est la joie dans tout le pays, qui va pouvoir être réunifié.

Zoom

L'EUROPE SUR LA SCÈNE INTERNATIONALE : UNE SEULE VOIX ?

Si l'Europe est la première puissance commerciale du monde, elle n'a que peu de poids dans le domaine de la politique étrangère, car elle peine à trouver des positions communes. Les pays membres se divisent dès qu'il y a un conflit, comme en Yougoslavie ou en Irak. Pour mieux se faire entendre, l'Union envisage d'avoir un ministre des Affaires étrangères, mais ce n'est pas encore fait ! En revanche, c'est elle qui donne le plus d'argent aux pays pauvres de la planète ou pour aider les populations lorsqu'il y a des catastrophes naturelles.

LES FRONTIÈRES S'OUVRENT...

En 1985, dans une petite ville du Luxembourg, à Schengen, 5 pays de l'Union européenne signent un accord pour supprimer les contrôles aux frontières entre les États membres et assurer ainsi une libre circulation des hommes en Europe. Désormais, on peut passer librement d'un pays à l'autre, sans présenter ses papiers d'identité. En revanche, les contrôles sont renforcés aux frontières de l'Union. L'espace Schengen comprend aujourd'hui 22 pays.

La faune

Les hommes partagent le territoire européen avec une fabuleuse faune sauvage. Les espèces peuvent être diurnes ou nocturnes, vivre sur ou sous terre (la taupe), dans l'eau ou dans les airs. 260 espèces de mammifères terrestres (ours, renards, cerfs, sangliers…) et aquatiques (dauphins, phoques, baleines, loutres…) et 850 espèces d'oiseaux (du geai à la bécassine), qui jouent un rôle essentiel dans les forêts, les zones humides et le milieu marin, occupent l'espace européen. Cette richesse naturelle a apporté aux hommes des ressources exceptionnelles : tous les animaux domestiques sont issus d'espèces sauvages ; la chasse et la pêche ont amélioré l'alimentation pendant des siècles ; des connaissances scientifiques, etc. Mais, en façonnant leur environnement pour répondre à leurs besoins, les Européens – dont la population a plus que doublé depuis deux siècles – commencent à mettre en danger une partie de cette faune sauvage.

RECONNAÎTRE LES OISEAUX EN PLEIN VOL, AU CRÉPUSCULE

La directive « Oiseaux », adoptée en 1979, est le premier texte de l'Europe concernant la nature. Elle vise à protéger les oiseaux européens et pas seulement les migrateurs, et autorise la chasse de certaines espèces. La France a mis en place un système de dates d'ouverture et de fermeture de la chasse aux oiseaux migrateurs. Celle-ci est étalée dans le temps, par espèce, en fonction de la reproduction et de la migration. Mais c'est compliqué à respecter, car parfois deux espèces d'oiseaux peuvent se ressembler, l'une pouvant être chassée et l'autre non. Il est donc question d'instaurer des dates uniques d'ouverture et de fermeture de la chasse sur des périodes plus courtes, pour éviter les éventuelles confusions.

LE LOUP D'HIER ET D'AUJOURD'HUI

Au Moyen Âge, l'Europe était recouverte d'épaisses forêts où vivaient des loups. Aujourd'hui, en raison de la diminution de la surface occupée par les forêts et surtout de la chasse par l'homme, les loups ont presque disparu en Europe de l'Ouest. Ils restent assez communs à l'est, notamment en Russie. L'Italie offre un bon exemple de leur situation. Les loups ont été quasiment éliminés dans les Alpes, sauf quelques retardataires vivant en petites meutes isolées. Mais leur survie est menacée. Accusés de chaparder des agneaux dans les grands troupeaux de plusieurs milliers de moutons qui ne peuvent pas être parqués le soir, ils sont régulièrement abattus. Ensuite, comme ils sont peu nombreux, les louves s'accouplent souvent avec des chiens.

sauvage : fabuleuse richesse

LA LOUTRE : UNE SURVIVANTE

La loutre, mammifère semi-aquatique qui vit au bord des cours d'eau ou dans les marais d'Europe, est une belle survivante. Son épaisse fourrure en a fait la proie des chasseurs. Les pêcheurs ont cherché à l'éliminer, car ils la considéraient comme une concurrente à cause des poissons dont elle se nourrit. Ensuite, son habitat s'est restreint avec l'assèchement des zones humides, puis ses ressources ont été polluées par les pesticides. Enfin, il y a 40 ans, elle fut déclarée espèce protégée, marquant la fin de ses soucis, ou presque ! Car la loutre, qui faisait des festins d'anguilles dans les filets en coton que les pêcheurs installaient dans les cours d'eau, s'est retrouvée piégée lorsque ces mêmes filets ont été fabriqués en fibres synthétiques. Mais ses défenseurs ont aujourd'hui mis au point un nouveau filet qui permet aux loutres de s'extraire des mailles. Si bien que la loutre est toujours parmi nous.

TOUS À LA FRONTIÈRE

Après la Seconde Guerre mondiale, pendant des décennies, la zone frontière qui coupait sur des milliers de kilomètres l'Europe entre l'Ouest et l'Est représentait une bande continue de plus de 100 mètres de large. Ces terrains qui étaient clôturés et surveillés sont vite retournés à l'état de friches. Ils grouillent maintenant de petits mammifères et de crustacés ; les cigognes viennent des régions alentour y trouver la nourriture pour leurs petits. Ils servent aussi de refuge à des espèces menacées comme le traquet tarier, un passereau, ou le tétras-lyre, un coq sauvage.

Au ras

Difficile de ne pas être émerveillé en découvrant la richesse de la vie des « petites bêtes » sur le territoire européen. Son sol est sillonné en permanence par une multitude d'animaux souvent minuscules, certains quasiment invisibles, qui recyclent les matières organiques, les feuilles mortes par exemple. Ces petites bêtes participent à la formation d'une terre qui, en Europe, va du blanc des sols crayeux jusqu'au noir des tourbes, en passant par différentes teintes de brun. Sans cette activité incessante, la vie serait impossible ! Le territoire serait étouffé sous un manteau de déchets naturels. Parmi ces petites bêtes, les insectes occupent bien sûr une place essentielle et jouent un rôle tout aussi fondamental. Les abeilles et les papillons, par exemple, pollinisent les plantes à fleurs, soit 80 % des espèces cultivées en Europe. Les insectes servent aussi de nourriture pour les oiseaux et les chauves-souris. En ce moment, on observe particulièrement les populations de papillons en Europe, car, en raison de leur courte durée de vie, ils sont très sensibles aux menaces sur l'environnement.

Le saviez-vous ?

Une surface de 1 mètre sur 1 mètre de sol naturel européen abrite 150 grammes d'animaux, plus de 260 millions d'individus : de microscopiques acariens, champions du grignotage de feuilles ; des mille-pattes, forçats du découpage de litière ; des coléoptères, des collemboles, des fourmis, éventuellement une limace ou un escargot, sans oublier les grands vers de terre, des laboureurs efficaces. C'est la peau vivante de l'écorce terrestre européenne !

LE BOUSIER : MONSIEUR PROPRE DES PRAIRIES D'EUROPE

Le scarabée bousier est un drôle de coléoptère qui peuple toutes les régions d'Europe. Il se nourrit uniquement de bouses, de préférence d'herbivores. Après avoir humé le vent avec ses antennes, qui sont de très bonnes détectrices d'odeurs, il le remonte et trouve les excréments. Sur place, il découpe la bouse avec sa tête en forme de pelle, puis il se sert de ses pattes antérieures pour façonner une boule. À l'aide de ses pattes arrière, il fait rouler cette boule, parfois 50 fois plus lourde que lui, jusqu'à la femelle. Alors tous deux la consomment. Sans le bousier, une bouse resterait un ou deux ans sur place, et l'herbe, étouffée, ne pourrait plus pousser ; sans compter que les bouses à l'abandon seraient la proie de mouches parasites qui pourraient propager des infections.

des pâquerettes : les petites bêtes

SOS : FOURMIS-SAUVETEUSES

Besogneuses, innombrables, capables d'unir leurs forces, de transporter des poids lourds, les fourmis sont aussi grandes protectrices des forêts d'Europe. La disparition de fourmilières naturelles entraînant la prolifération d'insectes nuisibles (diprion, bombyx) qui s'attaquent aux arbres, la Pologne a élevé des fourmis (*Formica polyctena*) dans le but de sauver ses forêts en détresse. Pour redonner vie à une fourmilière abandonnée ou en créer une nouvelle, on prélève dans les fourmilières d'élevage des ouvrières bâtisseuses, quantité d'ouvrières, des larves et une reine qui s'est accouplée avec un mâle d'une autre colonie. Dans leur nouveau nid, en pleine forêt, ces fourmis dévorent les insectes nuisibles. Et elles fourmillent jusqu'à atteindre 2 millions d'individus.

LE SILENCE DES ABEILLES

Incroyables bourreaux de travail, les abeilles butinent depuis toujours les plantes à fleurs. Elles se faufilent entre leurs pétales, puisent le nectar au fond de leurs corolles et en sortent avec du pollen accroché sur elles. Ensuite, à la recherche d'un autre nectar, elles transportent ce pollen jusqu'au pistil d'une autre fleur, permettant ainsi à la fécondation de se dérouler. Outre les plantes sauvages, les abeilles fécondent des plantes aromatiques comme le thym, le romarin ou la lavande, des arbres fruitiers tels les abricotiers, les pommiers, les poiriers, mais aussi des légumes (carottes, choux, poireaux, etc.), c'est-à-dire 80 % des espèces cultivées en Europe ! Aujourd'hui, on constate que des colonies entières d'abeilles disparaissent, les ruches se vident peu à peu. La raison d'un tel désastre ? Les maladies conjuguées à une dégradation de leur environnement.

Richesse

En Europe, la grande variété de climats et de milieux explique l'originalité et la diversité de la flore naturelle et sauvage. Ainsi, sur les terres autour de la Méditerranée, poussent entre autres des buissons de chênes kermès, des touffes de thym, de romarin, de lavande (garrigues) ; sur les territoires recevant l'influence océanique, les landes abritent notamment bruyères, ajoncs, genêts, fougères, mousses et lichens ; l'Europe tempérée se caractérise par l'importance de la végétation forestière de hêtres, de chênes, de conifères (pins, épicéas) ; la toundra polaire est quant à elle le royaume des lichens, mousses

LE CHÊNE D'ALLOUVILLE-BELLEFOSSE EN FRANCE : UN MONUMENT BOTANIQUE

Il est d'une exceptionnelle longévité : 1 000 ans. En vieillissant, le tronc de ce chêne s'est développé de façon impressionnante jusqu'à atteindre 15 mètres de circonférence. Si bien qu'à la fin du XVIIe siècle, le curé du village le fit creuser pour y installer une petite chapelle. Mais voilà 1789 et la Révolution. Les villageois plantèrent deux peupliers : un arbre de la Liberté et un autre de la Fraternité. Et regardèrent dorénavant d'un mauvais œil ce chêne avec sa chapelle, témoin de l'ancien pouvoir des prêtres. Ils décidèrent d'aller le brûler. Mais ils s'arrêtèrent dans leur élan. Une plaque clouée sur son tronc le nommait : « Temple de la Raison ». Les villageois y virent l'idéal révolutionnaire et le laissèrent sur pied. C'est le curé qui avait eu l'idée de cette plaque et avait ainsi sauvé le chêne menacé.

LE DELTA DU DANUBE : 1 200 ESPÈCES DE PLANTES, UN TRÉSOR EXCEPTIONNEL

Avant de se jeter dans la mer Noire, le Danube se divise en trois bras pour former un immense delta (superficie égale à 1/6 de la Belgique). Ce delta, à cheval sur la Roumanie et l'Ukraine, sillonné de canaux, est la plus grande zone marécageuse d'Europe. C'est le royaume des roseaux, des joncs, des carex des rives, des forêts luxuriantes de peupliers trembles, d'ormes, de frênes, de chênes, de pommiers et de poiriers sauvages, mais aussi des lianes et des vignes sauvages. La surface de l'eau est couverte de nénuphars blancs et d'autres plantes aquatiques. Au milieu des années 1980, Nicolae Ceausescu (1918-1989), le chef de l'État roumain, avait voulu assécher une partie du delta pour cultiver du maïs, alors que les sols étaient impropres à la culture ! En 1989, il a été chassé du pouvoir. On a vite abandonné son projet.

de la flore

joncs, myrtilles, saules, bouleaux nains. À la flore sauvage indigène les hommes ont associé, depuis le Néolithique, des plantes cultivables originaires du Proche-Orient (le blé, l'olivier, par exemple) et, depuis les Grandes Explorations, des plantes venues de continents lointains, comme la tomate, le maïs, la citrouille, la courge, originaires du continent américain. Si l'on prend l'exemple de la France, qui possède l'une des flores les plus riches d'Europe (40 % de la flore européenne), elle compte 4 900 espèces indigènes et 1 000 espèces naturalisées (qui y ont été acclimatées) de plantes supérieures.

LES AMANDES PHILIPPINES DE LA MÉDITERRANÉE

L'amandier, répandu en Iran et en Asie occidentale, a gagné la Grèce il y a 2 500 ans. En Europe, il s'acclimata aux terres pauvres des régions autour de la Méditerranée : Grèce, Italie, Espagne, sud de la France. Il y trouve la lumière et la chaleur nécessaires à sa germination, et, l'été, il n'est pas incommodé par des grandes sécheresses. Il donne un fruit, généralement consommé sec : l'amande. Les amandes étaient tellement communes dans ces régions qu'elles donnaient lieu à des jeux. Quand on trouvait des amandes jumelles dans une même coque, deux personnes se les partageaient et faisaient un pari. Le lendemain matin, le premier qui disait « Bonjour Philippine » avait gagné.

DES POMMIERS PAR MILLIERS

Deux types de pommiers voisinent en Europe. Les uns, originaires des forêts de feuillus, sont sauvages : leurs pommes, appréciées des sangliers, ne sont pas comestibles. Les autres sont domestiques : leurs fruits sont délicieux. Originaires d'Asie occidentale, ils se sont répandus dans toute l'Europe par les insectes et les petits mammifères. Ce sont les arbres fruitiers les mieux adaptés au climat des régions tempérées. Aujourd'hui, on en dénombre des milliers de variétés. Dans plusieurs pays d'Europe, les pommes sont liées à l'amour. Pendant longtemps, dans les campagnes, on a raconté que si une fille épluchait une pomme en une seule pelure, et si elle lançait cette peau en l'air, la forme qu'elle prendrait en retombant au sol figurerait la première lettre du nom de son futur fiancé.

L'Europe

L'Europe est le continent le plus densément peuplé et le plus urbanisé du monde. L'immense majorité de sa population est citadine, sauf dans certains territoires à l'est, où la ruralité domine. Depuis les années 1970, à l'ouest, les villes s'étendent démesurément sur les campagnes avoisinantes. Avec l'automobile et l'envie d'être propriétaire d'une maison individuelle avec un jardin, de nouveaux quartiers ont été construits à l'extérieur des villes, là où il y avait des champs et des prés et où le prix du sol était moindre. Ces groupements de maisons neuves, ces lotissements, ont nécessité de nouveaux réseaux pour l'eau courante et l'électricité. De même pour la collecte des déchets. La campagne autour des villes s'en est trouvée urbanisée. De nouvelles constructions ont aussi été bâties à proximité des accès d'autoroutes ou des gares ; de même, des zones commerciales, des zones industrielles d'activité, des zones de loisirs ont été créées le long des voies de communication. Dans le même temps, le tourisme balnéaire a engendré une urbanisation du littoral européen (sauf les rivages de la mer Baltique et de la mer du Nord, pour des raisons de climat).

LA COSTA BRAVA : CÔTE SAUVAGE ?

De la plage, de la mer et du soleil : voilà ce que cherchèrent les vacanciers européens à partir des années 1960. L'Espagne répondit la première à cette demande. Sur sa côte méditerranéenne, près de la frontière française, un programme de construction d'immeubles d'une dizaine d'étages, collés les uns aux autres, a transformé le paysage naturel. On appela cet endroit la Costa Brava. Pour accueillir les touristes toujours plus nombreux, la zone d'hébergement s'étendit sur 80 kilomètres le long de la côte, sur une profondeur de 10 kilomètres. Les stations balnéaires ont été reliées aux zones rurales, il a fallu s'équiper de moyens de transport modernes : trains, aéroports, autoroutes. Et aujourd'hui on peut considérer que ces millions de tonnes de béton ont complètement défiguré le littoral.

mangée par l'urbanisation ?

LA RURALITÉ AUJOURD'HUI : UN MONDE À PART ?

Il y a 50 ans, il y avait les habitants des villes et ceux des campagnes, avec des modes de vie très différents. Les paysans, nombreux, attachés à la terre, formaient la population rurale. Aujourd'hui les agriculteurs sont peu nombreux, et des citadins viennent vivre à la campagne. Il s'agit de retraités, de personnes exerçant une activité professionnelle sur place (artisan, infirmier) ou au loin, en ville. Attirés par un lieu de résidence calme, dans la nature, ils se sont installés dans les territoires ruraux. Territoires urbains et territoires ruraux ne sont plus des mondes opposés.

VOYAGE ORGANISÉ POUR LE CENTRE COMMERCIAL

À partir des années 1970, dans l'ouest de l'Europe, des grandes surfaces commerciales s'implantent en dehors des villes. Le terrain se vend à bas prix et il est possible d'aménager de nombreuses places de stationnement pour les futurs grands magasins d'alimentation, de mode, d'ameublement, etc. Dans les années 1990, le mouvement s'étend à l'est de l'Europe. Toutefois, à Sofia, en Bulgarie, on n'y trouve pas encore la dernière mode (vêtements, décoration) à prix discount. Des autocars font donc la navette entre Sofia et Thessalonique, en Grèce, à 350 kilomètres de là. Les Bulgares font l'aller-retour dans la journée pour acheter dans un immense centre commercial de la banlieue de Thessalonique les vêtements et les meubles qu'ils ne trouvent pas sur le marché bulgare.

Agriculture

L'agriculture de l'Europe unie est diverse selon les régions : production animale et grande culture pour certaines (Allemagne, Royaume-Uni, France) quand d'autres offrent principalement des fruits et légumes, du vin, de l'huile d'olive (Portugal, Grèce). Avec la politique agricole commune, l'Europe a formidablement augmenté sa production agricole (cultures et élevages) et a réussi à se nourrir, à baisser les prix et à exporter. Ce but a été atteint en diminuant le nombre d'agriculteurs, en restructurant les exploitations, en les mécanisant fortement et en profitant des progrès des produits chimiques (engrais, pesticides, herbicides). Toutefois, ces pratiques agricoles intensives ont des effets néfastes sur l'environnement : sur l'eau, en polluant les nappes phréatiques par les nitrates et les pesticides dans les régions céréalières ou d'élevage en batterie ; sur les sols, à cause des dégradations chimiques ; et sur les paysages, notamment avec les effets du remembrement, la suppression de haies et des bosquets. Aujourd'hui, il est demandé aux agriculteurs de continuer à assurer l'approvisionnement alimentaire tout en protégeant l'environnement et en sauvegardant les paysages, en pratiquant par exemple l'élevage sur de plus grandes surfaces et en consommant moins de produits chimiques pour les cultures.

? Le saviez-vous ?

UN BLÉ QUI BAT DES RECORDS

En Europe (France, Allemagne, Grande-Bretagne, Italie, Ukraine et Russie), on obtient trois fois plus de blé pour une même surface cultivée qu'il y a 40 ans. Comment cet accroissement spectaculaire a-t-il été possible ? Tout d'abord, l'utilisation de désherbants et de pesticides a détruit les mauvaises herbes et empêché que les insectes ne fassent des festins sur les plantes. Puis les industriels ont mis au point des engrais chimiques beaucoup plus nourrissants que le fumier, cet engrais naturel qu'on utilisait auparavant. Les hommes ont sélectionné des variétés de blé capables de profiter au mieux de ces engrais et de produire suffisamment de grains. On considère aujourd'hui qu'on a atteint la limite et qu'on ne pourra pas aller au-delà des gains obtenus.

OGM : GRANDE INQUIÉTUDE

Les OGM (organismes génétiquement modifiés) inquiètent les Européens. Ils sont opposés à la culture du maïs génétiquement modifié. C'est un maïs auquel on a injecté des gènes : l'un pour résister à la pyrale, un insecte ravageur, et l'autre à un herbicide. L'idée est de pulvériser le champ de maïs d'herbicide et de tout faire périr sauf le maïs. Premier danger, disent les Européens, l'insecte ravageur et les mauvaises herbes finiront par s'adapter, deviendront résistants et recommenceront comme avant. Alors, pour lutter contre la pyrale qui s'attaque au maïs, il faudra augmenter terriblement la consommation de pesticides et on courra des risques d'intoxication. Deuxième danger : la résistance du maïs à la pyrale et à l'herbicide risque de s'étendre aux espèces proches.

intensive et nourriture

PRÉCIEUX POTAGERS RUSSES

En Russie, beaucoup de citadins possèdent un petit terrain en dehors de la ville. Les salaires et les retraites ayant chuté, ils sont nombreux à cultiver leur jardin d'avril à octobre, tous les week-ends et pendant les vacances. Ils récoltent pommes de terre, tomates, poivrons, courgettes, concombres, pommes, cassis, raisin, puis en font des conserves et des confitures : leurs provisions pour l'année. Les personnes vivant à la campagne et qui possèdent des lopins un peu plus grands vendent leurs légumes sur les marchés. Les jardins potagers russes produisent presque tous les légumes du pays.

DES COCHONS TROP PRODUCTIFS

Autrefois, les porcs constituaient le petit bétail des fermes. Aujourd'hui, l'Union européenne (avec l'Allemagne, l'Espagne, le Danemark, la France, la Pologne) est le deuxième producteur mondial de porcs, et les élevages se font en batterie. En France, plus de la moitié de ces élevages se trouvent en Bretagne. Or, dans cette région, l'élevage intensif de porcs produit de 8 à 10 millions de tonnes de lisier (urine et excréments) par an. Le lisier, riche en phosphore et en azote, est un très bon engrais, mais la quantité déversée dans les sols bretons est tellement énorme qu'ils ne peuvent pas le supporter : l'excédent de lisier pollue les sols, les airs et les eaux (nitrates, prolifération d'algues en bord de mer).

Transports

Depuis une cinquantaine d'années, les moyens de transport se sont considérablement développés en Europe. Cela a permis aux hommes de circuler facilement, de se déplacer plus souvent et plus loin. Les régions, les pays se sont ouverts et se sont décloisonnés. Le gigantesque réseau routier et autoroutier s'est densifié, occupant une place grandissante sur les territoires. De même, le transport de marchandises a plus que doublé. Toutefois, cette explosion des communications terrestres s'est faite au profit de la route : automobiles et camions. Aujourd'hui, les pays d'Europe font face à des difficultés de circulation automobile dans les centres urbains – qui sont souvent à la limite de la congestion –, à des nuisances sonores, mais surtout à des problèmes de pollution. En Europe, les transports sont les principaux responsables de la pollution atmosphérique et des émissions de gaz à effet de serre.

DES PASSAGES À FAUNE

Les autoroutes traversent les milieux naturels où vivent des espèces et forment un obstacle infranchissable pour nombre d'entre elles. Leurs déplacements vers des zones propices à la reproduction ou à la survie des jeunes deviennent impossibles. Si bien qu'en Europe on a décidé de mettre en place des passages pour la grande faune (chevreuil, sanglier) aux endroits où une autoroute traverse des massifs forestiers. Il s'agit de ponts couverts de végétation ; la faune peut ainsi circuler d'un côté à l'autre. Mais il fallait aussi penser à la faune plus petite, alors on a aménagé sous les autoroutes des passages pour ces espèces, notamment la loutre et le castor, le blaireau et le putois ou le crapaud et la grenouille.

? Le saviez-vous ?

En Europe, aujourd'hui, l'immense majorité des transports (voitures, camions, autocars, avions) fonctionnent avec des carburants dérivés du pétrole. Or les réserves de pétrole dans le monde peuvent satisfaire 40 années de consommation. On pourra repousser l'échéance de quelques dizaines d'années en exploitant des réserves de pétrole en eau profonde ou en traitant des sables pétrolifères. Mais d'ici la fin du XXIe siècle il n'y aura sans doute plus de pétrole ! Il y a urgence, donc, à trouver d'autres sources d'énergie pour les transports.

et pollution en Europe

TGV : PERDU, GAGNÉ

En France, le train à grande vitesse (TGV) qui relie Paris à Strasbourg, soit 490 kilomètres, en 2 heures et 20 minutes a été inauguré en 2007. Pour les voyageurs, cette rapidité représente un formidable gain de temps. Mais quel autre impact la construction de ce TGV a-t-elle eu ? Pour mener à bien ces grands travaux, le long du tracé, on a dû raser des zones naturelles (bois, forêts) ou cultivées (vignobles). Mais, avant les travaux, les archéologues ont fouillé tout le long du tracé de la voie de chemin de fer, et ils ont mis au jour des sites archéologiques qui renfermaient des découvertes fabuleuses datant des grandes invasions celtes mais aussi de la guerre de 1914-1918. En Lorraine, par exemple, on a retrouvé des habitations datant du Moyen Âge qui conservaient des témoignages de la vie quotidienne, comme le tissage, ou encore des sites datant de l'âge du fer qui ont livré des colliers et des bracelets en bronze.

LE TUNNEL LE PLUS LONG DU MONDE

D'Oslo, capitale de la Norvège, à Bergen, grand port de la mer du Nord, la route (500 kilomètres) traverse des montagnes et des fjords. L'hiver, jusqu'en 2001, le voyage prenait des allures de belle épopée. Ainsi, sur le trajet, Aurland et Lærdal, deux communes en bord de fjord, séparées par une montagne, étaient reliées par la « route des neiges », au panorama exceptionnel, mais impraticable de novembre à mai. Durant cette période de l'année, il fallait mettre la voiture sur un car-ferry, qui, en 3 heures, traversait le magnifique fjord d'une ville à l'autre. En 2001, les Norvégiens ont inauguré un tunnel de 24,5 kilomètres, creusé dans la montagne, et qui relie en toute saison Aurland et Lærdal en 20 minutes. Nettement moins beau, mais nettement plus rapide.

Une Europe

Il y a toujours eu des migrations importantes à l'intérieur de l'Europe, du Portugal à la France, de la Pologne à la Belgique… et ce brassage des peuples se poursuit aujourd'hui. Ce qui est nouveau, c'est que l'Europe, terre d'émigration, est devenue terre d'immigration et d'accueil pour des étrangers. Dans les années 1950, des hommes des anciennes colonies viennent travailler en Europe, qui a alors besoin de main-d'œuvre : Algériens en France, Pakistanais en Grande-Bretagne… Ces travailleurs immigrés envoient une partie de l'argent gagné à leur famille restée au pays. En 1974, en raison du chômage qui augmente, les migrations de travailleurs cessent, mais les femmes rejoignent leurs maris. Leurs enfants s'intègrent

JAMEL DEBBOUZE, ENFANT D'IMMIGRÉS

Cet humoriste français d'origine marocaine a vécu son enfance dans une banlieue de la région parisienne. Après avoir perdu l'usage de son bras dans un accident à 13 ans, il commence à faire du théâtre, et sa « tchatche » est vite remarquée. Il est même finaliste du Championnat de France junior de la Ligue d'improvisation française. Les choses s'enchaînent ensuite très vite : il fait de la radio, puis de la télévision et devient la nouvelle star de Canal Plus. Parallèlement, il triomphe sur scène avec son premier spectacle de sketches et entame une carrière d'acteur. Il participe ainsi pleinement à la culture française.

métissée

alors dans les pays d'accueil, ils en adoptent les valeurs tout en apportant des éléments de leur culture d'origine. Et même si cela se fait souvent difficilement et douloureusement, ils deviennent français, espagnols, britanniques, etc. Depuis les années 1990, les migrations ont repris, d'Amérique latine, d'Asie et d'Afrique. Des hommes et des femmes fuient l'extrême misère dans leur pays et parfois des guerres. Ce sont des demandeurs d'asile. L'Europe refuse d'accueillir tous ces nouveaux immigrants et tente de protéger ses frontières. Pourtant, comme sa population vieillit et ne se renouvelle pas, elle a un besoin vital de ces hommes pour ne pas perdre ses forces et décliner.

LE SPORT, MOYEN D'INTÉGRATION ?

Les jeunes issus de l'immigration trouvent souvent dans le sport un moyen d'expression. Ils peuvent également y rencontrer la réussite. Dans de nombreux pays d'Europe, ils sont de plus en plus nombreux parmi les sportifs professionnels, car pour eux c'est un moyen d'ascension sociale. Dans le football notamment, en Suède, aux Pays-Bas, en Espagne, en France..., les équipes sont de véritables brassages de cultures et d'origines. Les joueurs français Zinedine Zidane (d'origine algérienne) ou Patrick Vieira (d'origine sénégalaise) sont des exemples d'une intégration réussie par le sport.

UNE FRANCE MULTICULTURELLE

En 2007, la France a ouvert un musée de l'Immigration dans le palais de la Porte-Dorée à Paris. Une grande exposition permanente retrace deux siècles d'immigration en France. Le but est de montrer l'apport de l'immigration dans la construction de la France – l'apport économique du travail, mais aussi l'apport culturel, des loisirs à la langue, du sport à la cuisine, sans oublier les sciences. Ce musée montre que l'identité française n'a pas cessé de se métisser au fil des années. Par exemple, le couscous, ce plat roi d'Afrique du Nord, quasiment inconnu des Français il y a un siècle, est devenu aujourd'hui l'un de leurs cinq plats préférés.

Une Europe

L'Europe est un continent riche, même s'il y a de grands écarts de richesses entre les pays, comme entre le Luxembourg, pays le plus riche, et la Bulgarie, un des plus pauvres. À l'intérieur même de chaque pays, il existe des pauvres et des riches. Cependant, globalement, les sociétés européennes ont un niveau de vie élevé. Ce sont des sociétés de consommation, caractérisées par l'abondance des produits que l'industrie met à leur disposition. Les Européens mangent à leur faim et ont une alimentation riche. Ils ont des habitats spacieux et confortables avec l'eau potable et l'électricité. Leur niveau d'instruction est

LES RESTOS DU CŒUR EN FRANCE

Parmi les nombreuses associations qui aident les plus pauvres, les Restos du cœur ont été créés en 1985 par l'humoriste Coluche. Les bénévoles des Restos du cœur distribuent des repas gratuits aux personnes les plus pauvres qui luttent pour survivre : femme seule avec des enfants, personnes âgées, chômeurs de longue durée, jeunes sans emploi... En 2005-2006, 670 000 personnes ont bénéficié de cette aide. En 1999, près de 4 millions de Français vivaient en dessous du seuil de pauvreté, établi en France à 579 euros par mois pour une personne seule.

Zoom

LES EUROPÉENS GRANDISSENT

Les hommes français, par exemple, ont grandi en moyenne de 6 centimètres en 50 ans, de 1950 à 2000, passant de 1,70 à 1,76 mètre tandis que les femmes françaises passaient de 1,61 à 1,64 mètre. On l'explique par une alimentation plus riche, par l'amélioration de l'hygiène, des soins médicaux et des conditions de vie, ainsi que par l'allongement des études, qui fait que les enfants travaillent moins tôt qu'auparavant. En 2006, les fabricants de vêtements ont entrepris une campagne de mesures pour adapter les vêtements en fonction de la nouvelle taille des Français !

LA MICROCHIRURGIE, OU LES FORMIDABLES PROGRÈS DE LA MÉDECINE EN EUROPE

C'est une branche de la chirurgie qui se pratique avec un microscope donnant des images en trois dimensions et avec des instruments miniaturisés pour réaliser des opérations de précision sur des nerfs ou des vaisseaux sanguins plus fins qu'un cheveu. Ainsi, des chirurgiens spécialisés ont récemment réussi des greffes de la main et même du visage. En 2003, lors d'un vol spatial, deux chirurgiens français ont effectué en apesanteur ces opérations sur un rat. Intéressant en cas d'accident d'un astronaute lors d'un futur voyage sur Mars.

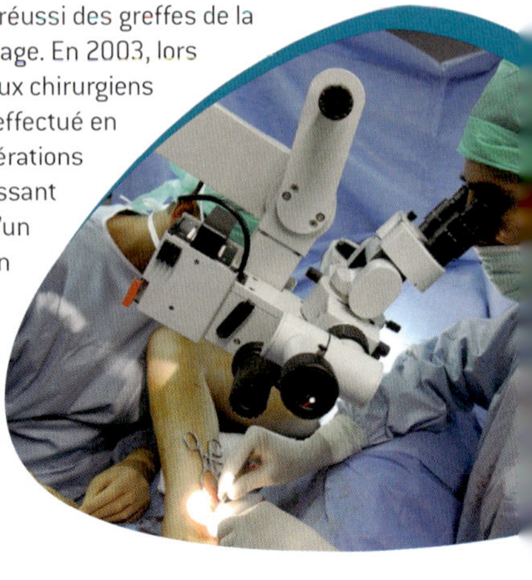

riche

élevé, l'école est partout obligatoire et gratuite, et les enfants ne sont pas obligés de travailler comme dans certains pays d'Asie ou d'Afrique. Ils ont du temps libre qu'ils occupent en loisirs (télévision, spectacles, sports...) et peuvent partir en vacances. Ils ont aussi accès aux soins lorsqu'ils sont malades. Ils ont une espérance de vie élevée : 75 ans, contre 40 ans au Rwanda en Afrique. Les sociétés européennes ont développé des aides aux plus pauvres et des systèmes de protection pour couvrir les grands risques de la vie comme la maladie ou le chômage, mais aussi la vieillesse avec les retraites.

LES DÉCHETS,
REVERS DE LA CONSOMMATION

Les sociétés européennes consomment et jettent. En Europe, chaque personne produit de 250 à 700 kilos de déchets par an (17 kilos pour un Africain, 900 kilos pour un Américain). Et les chiffres augmentent, car nous consommons de plus en plus de produits emballés ou jetables. Il y a les déchets organiques, qui pourrissent, les recyclables comme le verre, le papier... et les autres, qui peuvent être très toxiques, comme les piles, les stylos-feutres et de nombreux plastiques. Il faut 1 seconde pour fabriquer un sac en plastique qui va rester 20 minutes dans les mains de l'acheteur et 400 ans dans la nature et causer la mort d'oiseaux ou de mammifères marins !

L'Europe

Ne pouvant, pendant des siècles, se déplacer qu'à pied, les communautés villageoises ont vécu dans un relatif isolement ; des cultures locales se sont ainsi forgées partout en Europe, chacun déployant des trésors d'intelligence pour exploiter les ressources de son environnement proche. Cela explique les contrastes spectaculaires entre les cultures populaires des Méditerranéens, au sud de l'Europe, et celles des Lapons, près du cercle polaire arctique, ou entre celles des Irlandais, sur les rives de l'Atlantique, et celles des Roumains, dans les Carpates. Ces cultures se distinguaient tout d'abord par des langues ou des patois, puis par des habitats adaptés au climat et aux matériaux trouvés dans la proche région (bois, pierre ou simplement terre pour le torchis ou le pisé). Si partout en Europe on faisait du pain et on consommait des laitages, chaque région a élaboré des cuisines et des mets confectionnés avec les céréales, les légumes, les viandes ou les poissons (harengs fumés au Danemark) que les hommes pouvaient cultiver ou trouver autour d'eux. La religion, qui les accompagnait de la naissance à la mort, a donné naissance à des fêtes, des processions, des chants, des traditions et des savoir-faire artistiques. Aujourd'hui, il reste en Europe une forte empreinte de ces cultures locales.

DES BALLES PAS PERDUES

Balle pelote en Belgique, pelote basque dans le Pays basque français, jeu de balle au tambourin en Italie : ces trois jeux de balle régionaux encore pratiqués viennent du jeu de paume, qui se jouait avec la paume de la main, en vogue en France au XVIe siècle. Mais ce jeu a évolué localement. La balle pelote se joue sur un ballodrome, avec 2 équipes de 5 joueurs équipés de gants, car les mains frappent la balle. Pour la balle au tambourin, la balle rebondit sur un tambourin, cercle sur lequel est tendue une toile. Quant à la pelote basque, les joueurs sont équipés d'un gant de cuir prolongé par une longue et étroite corbeille en osier avec laquelle ils réceptionnent la balle, qu'ils doivent ensuite faire rebondir sur un fronton.

DES SOUPES DE TOUTES LES COULEURS

Longtemps, les hommes ont accommodé ce qu'ils pouvaient faire pousser autour d'eux, et la soupe dépendait de ce qu'offrait le potager suivant la saison. Encore aujourd'hui, il y a des soupes bien différentes à travers toute l'Europe. Ainsi, le bortsch d'Ukraine mélange chou, betterave, carottes, pommes de terre, oignon, alors que le cawl du pays de Galles (en Grande-Bretagne) est un bouillon épaissi à l'avoine. La zurek de Pologne est une soupe de seigle avec carottes, céleri, persil, tandis qu'au Luxembourg, la bouneschlupp se prépare avec des haricots verts. La garbure de Gascogne, au sud-ouest de la France, se fait avec du chou vert, des fèves, des mange-tout, des navets et des gros pois, sans oublier des oignons.

des cultures locales

TRÈS CHAUD, TRÈS FROID

En Finlande, il y a 5 millions d'habitants et 1 million de saunas. À la campagne, les familles les ont installés dans des cabanes en bois, si possible au bord d'un lac ; à l'intérieur, sur un poêle, sont empilées des pierres chauffées à blanc sur lesquelles on jette régulièrement un peu d'eau afin de produire de la vapeur. Après quelques minutes passées dans ce bain de vapeur extrêmement chaud, les Finlandais courent se plonger dans l'eau glacée d'un lac. En ville, il y a des saunas partout, même dans les entreprises, et les lacs sont remplacés par des douches froides. Cette coutume qui répond à un souci d'hygiène et de bien-être fait tellement partie de la culture des Finlandais qu'il leur arrive d'inviter au sauna une personne qu'ils connaissent peu, afin de discuter et de se lier avec elle.

DES VILLAGES D'IRRÉDUCTIBLES MONTAGNARDS

Il y a quelques décennies encore, dans les moyennes montagnes d'Europe, dans des villages peu accessibles et coupés du monde pendant l'hiver, des hommes fabriquaient leurs outils et continuaient entre eux à parler patois. Dans les Balkans, dans les Pyrénées, aux confins des Asturies et du León en Espagne, de tout petits villages de montagne demeurent aujourd'hui habités et vivants. Les hommes y pratiquent l'élevage de vaches, de moutons, fauchent les foins à la main et se transportent sur des ânes ou des mulets. La vie est rude, demande des sacrifices, et le travail n'est plus très rentable. Les derniers habitants, témoins d'une culture locale encore vivace, sont particulièrement attachés à leur village, mais souhaitent une vie meilleure pour leurs enfants et petits-enfants.

Richesse

L'Europe possède une richesse phénoménale de monuments, de bâtiments civils ou religieux (chapelles, églises, mais aussi mosquées, notamment en Andalousie), citadins ou ruraux, que sa longue histoire lui a léguée. Non seulement elle entretient ce patrimoine (champs de menhirs des Celtes à Carnac, en France), mais elle le fait vivre. À Épidaure, théâtre de la Grèce antique, aux thermes romains de Caracalla à Rome, et jusqu'au récent Théâtre du Globe à Londres, des représentations théâtrales sont constamment données. La vie d'autrefois dans les châteaux, par exemple à Versailles ou à Bran en Roumanie (connu sous le nom de « château de Dracula »), est ouverte au public. Mais aussi les modestes hameaux des campagnes avec leurs fermes aux cours garnies d'anciens outils agricoles, dans les écomusées, ou encore les anciennes mines devenues des lieux pour se souvenir. Des bâtiments prestigieux comme la gare d'Orsay à Paris ou l'hôpital Kilmainham à Dublin, transformés en musées, abritent aujourd'hui des œuvres de peintres. Les anciennes halles, les entrepôts, les arsenaux, les usines abandonnées sont aussi aménagés, restaurés, pour illustrer la vie d'avant et transmettre leur histoire ou bien pour accueillir des spectacles, des expositions ou des concerts.

POMPÉI : UN JOUR ORDINAIRE DE LA VIE EN 79 APRÈS J.-C. FIGÉ POUR TOUJOURS

L'éruption du Vésuve, le volcan qui domine Naples, dans le sud de l'Italie, surprend les habitants de Pompéi et d'Herculanum en 79 après J.-C. La cité est engloutie avec une grande partie de sa population sous cinq mètres de cendres et de pierres volcaniques. Pompéi ensevelie fut oubliée, à tel point qu'on ne connaissait même plus son emplacement. Puis, au XVIIIe siècle, des archéologues découvrirent des vestiges de la ville. Ils s'intéressèrent aux bâtiments publics : amphithéâtre, caserne des gladiateurs, forum. Plus tard, on découvrit d'impressionnantes villas de riches praticiens.

CENTRALE ÉLECTRIQUE RECYCLÉE

Édifiée en 1947, la centrale électrique de Bankside, quartier pauvre sur les bords de la Tamise, à Londres, alimentait les Londoniens en électricité. Ce lourd bâtiment industriel tout en briques abritait des turbines géantes et crachait ses fumées par une haute cheminée carrée. Il cessa son activité dans les années 1980, au milieu des maisons abandonnées et des murs graffités du quartier. Mais, à la fin des années 1990, ce vestige de l'ère industrielle fut rescapé. On garda la structure, la cheminée, et on transforma l'intérieur en musée d'art contemporain. La Tate Modern – c'est son nom – est un mélange d'art, de vision d'entrepôt et de labeur. Une grande réussite.

du patrimoine : monumentale !

LE MECCANO DES CATHÉDRALES

Au centre de 400 villes d'Europe (France, Espagne, Italie, Suisse, Allemagne, Pays-Bas, Portugal, Hongrie) s'élèvent des édifices religieux, vastes, démesurés : les cathédrales. Leur construction, datant principalement des XIIe et XIIIe siècles, est extrêmement savante. Les bâtisseurs ont expérimenté des techniques d'architecture innovantes et ont relevé des défis en essayant de construire des édifices toujours plus hauts. En France, la cathédrale de Bourges a été comparée à un Meccano géant : l'architecte a combiné à l'infini cinq ou six modèles de colonnettes. Entretenues, restaurées, ces cathédrales occupent toujours aujourd'hui une fonction religieuse, mais elles accueillent aussi une foule de visiteurs profanes et des concerts.

IMAGINER TOLSTOÏ EN TRAIN D'ÉCRIRE

Léon Tolstoï (1828-1910), célèbre écrivain russe, a écrit notamment *Guerre et Paix* et *Anna Karenine*, mais aussi *Enfance et Adolescence*, dans lequel il évoque ses jeunes années. De 1895 à 1901, il a vécu à Moscou avec sa nombreuse famille dans une maison en bois avec un petit jardin, très différente des riches demeures des autres aristocrates. Tolstoï s'identifiait aux paysans pauvres, les moujiks. Cette maison a été conservée telle quelle et est devenue un musée plein de souvenirs de l'écrivain. On y voit sa chambre, la salle à manger, le bureau où il écrivait, ses affaires personnelles, et on découvre qu'il avait la passion de la cordonnerie. Dans cette maison, l'une des dernières en bois à Moscou, on peut imaginer Tolstoï en train d'écrire, au calme.

Vivacité

On ne peut pas parler d'une culture européenne, mais plutôt d'une Europe des cultures, tant les expressions y sont diverses. Toutefois, chaque artiste, chaque mouvement puise sa force dans les échanges avec les autres cultures du continent et aussi avec celles du monde entier. En Europe, jamais autant d'ouvrages n'ont été édités, jamais autant de pièces de théâtre n'ont été créées, jamais autant de concerts n'ont été donnés, sans oublier les peintres, les sculpteurs. C'est dire que la création est vivace. Le nombre d'Européens qui lisent, vont au spectacle ou écoutent de la musique augmente toujours, notamment grâce à l'école et aux moyens de diffusion que sont le livre de poche ou le CD.

Zoom

Avec Internet, les pays d'Europe mettent progressivement en ligne des bibliothèques entières de livres gratuitement consultables ou téléchargeables. Il s'agit de livres libres de droits, c'est-à-dire dont les auteurs sont morts depuis plus de 70 ans. C'est un formidable progrès. Une Bibliothèque numérique européenne a d'ailleurs vu le jour à La Haye (Pays-Bas) en 2007. En France, la bibliothèque virtuelle de la Bibliothèque nationale de France s'appelle Gallica. Aujourd'hui, elle compte 100 000 documents (400 000 en 2010) : des livres (les contes des frères Grimm ou de Charles Perrault, par exemple), mais aussi des photos et des documents sonores. On peut même écouter les différentes cloches des troupeaux de moutons dans les Alpes en 1920 ou des enregistrements de cornemuses.

JAZZ MANOUCHE
Django Reinhardt (1910-1953) naît dans une famille tzigane nomade et passe son enfance dans une roulotte à voyager à travers l'Europe. Il joue du banjo puis devient un virtuose exceptionnel de la guitare. Ébloui par sa découverte du jazz, une musique née aux États-Unis qui offre une grande liberté d'improvisation et d'invention, il va créer une nouvelle forme de musique jazz. En lui associant l'héritage tzigane, il invente le jazz manouche. Ce maître de la guitare jouera partout en Europe avec un grand violoniste, Stéphane Grappelli. En 2007, 54 ans après sa mort, son rêve, qui était qu'un orchestre philharmonique joue sa musique, se réalisera à Paris avec le Kristiansand Symphony Orchestra de Norvège.

de la culture en Europe

MARIAGE DE LA POÉSIE, DE LA DANSE ET DU CINÉMA

Le poète et dramaturge espagnol Federico García Lorca s'inspire de la vie traditionnelle des villages d'Andalousie. Poignant drame de l'amour, une passion impossible mais indomptable entre une jeune fille et un jeune homme issus de familles rivales, sa pièce de théâtre *Noces de sang* est montée pour la première fois sur les planches en 1933. Le public sera enthousiaste. Quarante ans plus tard, Antonio Gades, le grand danseur de flamenco qui « danse comme le vent », adapte cette histoire en ballet flamenco avec une musique andalouse. En 1981, le cinéaste espagnol Carlos Saura filme ce ballet. Son film *Noces de sang* popularise le danseur Antonio Gades, le flamenco et le poète García Lorca.

LA BD DE HUGO PRATT

En Europe, les créateurs de bandes dessinées (BD), ces livres associant graphisme et écriture, nés il y a plus d'un siècle et formant le « neuvième art », sont très nombreux et affirment une grande originalité. Parmi eux, l'Italien Hugo Pratt, un grand voyageur doué d'une imagination débordante, invente ses histoires et les dessine. Il montre beaucoup, il décrit peu.
Au centre de son œuvre, il y a Corto Maltese, un marin qui parcourt les routes et les mers du globe à la recherche de trésors et d'aventures. Les histoires de ce personnage sont censées se dérouler entre 1905 et les années 1920. Avec Corto Maltese, Hugo Pratt a façonné un univers qui dépasse les modes. Son succès est international.

L'Europe

Des Grecs de l'Antiquité aux savants de la révolution industrielle, l'Europe a un riche passé de découvertes et d'inventions. La recherche scientifique crée des connaissances nouvelles sur le monde et permet des inventions qui changent la vie, comme récemment le téléphone mobile, né de l'imagination et du travail des Européens. Aujourd'hui, les scientifiques font des découvertes et mettent au point des technologies qui façonneront le monde de demain, qui assureront le bien-être des populations et la prospérité des pays. L'Europe produit aujourd'hui un tiers des connaissances scientifiques mondiales. Pour répondre aux défis du futur, elle a décidé de créer un espace commun de la recherche et d'augmenter son budget. Elle possède déjà des laboratoires communs et des observatoires d'astronomie, et elle a lancé de nombreux projets, comme Galileo, un système de radionavigation par satellite indépendant qui pourra concurrencer le GPS américain.

Le saviez-vous ?

LE CERN INVENTE LE WEB

Le Web, ou World Wide Web (www), est un des services de communication qui utilisent Internet. C'est avec lui qu'Internet s'étend au grand public dans le monde entier. Le Web est un peu comme un « service de distribution de colis » qui livre les documents que chaque personne demande d'un clic de souris. C'est l'Anglais Tim Berners-Lee, un informaticien du CERN (Conseil européen pour la recherche nucléaire), qui l'a inventé en 1990 pour répondre au besoin des scientifiques travaillant dans différentes universités en Europe de partager leurs informations. Le CERN est le plus grand laboratoire de physique des particules du monde, où les scientifiques viennent explorer la matière.

LE PRIX NOBEL DE PHYSIQUE 2007 ATTRIBUÉ À DEUX EUROPÉENS

Le plus prestigieux de tous les prix, le prix Nobel de physique, a été décerné en 2007 au Français Albert Fert et à l'Allemand Peter Grünberg pour leur découverte en 1988 d'un effet magnétique appelé « magnétorésistance géante ». Leurs travaux ont conduit à une nouvelle technologie de miniaturisation des disques durs dont les applications sont visibles dans la vie de tous les jours. Cela a permis, en dix ans, d'augmenter de manière fulgurante la capacité de stockage des disques durs des ordinateurs, qui atteint aujourd'hui 20 gigabits par centimètre carré !

de la recherche scientifique

DES JEUNES SCIENTIFIQUES EUROPÉENS TROP BIEN FORMÉS ?

Les grandes entreprises américaines dans le secteur de l'informatique ou de l'aéronautique, par exemple, recherchent les jeunes diplômés européens et viennent les embaucher dès leur sortie des universités et des écoles d'ingénieurs. Ces jeunes scientifiques et ingénieurs quittent alors l'Europe pour travailler aux États-Unis, attirés par de meilleures conditions de travail (car les laboratoires de recherche américains sont mieux équipés) et par des salaires plus élevés. Cette « fuite des cerveaux » entraîne un manque de scientifiques en Europe et donc moins de recherches, de découvertes et d'inventions.

UNE LUTTE EUROPÉENNE CONTRE LA MALADIE DE LA VACHE FOLLE

Apparue en 1986 au Royaume-Uni, la « maladie de la vache folle » est une infection mortelle qui touche le cerveau des bovins et qui peut aussi se transmettre à l'homme par consommation de viande d'un animal contaminé. Après avoir pris des mesures pour détecter et supprimer l'ensemble des vaches malades, l'Europe a déployé une véritable force de combat contre cette maladie, en mettant en place un réseau de 52 laboratoires de recherche sur la maladie de la vache folle et sa forme humaine. Les scientifiques étudient comment lutter contre le prion, cause de la maladie. C'est difficile, car il s'agit d'une sorte d'étrange particule qui n'est ni un virus ni une bactérie.

L'Europe des parcs naturels et de la biodiversité

L'Europe a perdu la moitié de ses zones humides et une centaine d'espèces d'oiseaux. Près de la moitié de ses reptiles et de ses papillons sont menacés, comme plus d'un tiers de ses mammifères, notamment plusieurs espèces d'écureuils. Ses rivages sont en danger. En Suisse, une surface équivalente à dix terrains de football disparaît chaque jour à cause de l'urbanisation. Les hommes commencent à prendre conscience de l'urgence à protéger la nature et la biodiversité (diversité biologique). On a créé des parcs naturels dans lesquels la faune, la flore et le milieu naturel sont protégés de l'action de l'homme. Surtout, l'Union européenne et les pays d'Europe ont signé différents accords pour créer des zones de conservation de la nature. Ainsi, chaque territoire met en place des systèmes de conservation. Mais il reste encore un travail colossal à faire.

ARCHE DE NOÉ POUR TOUTES LES SEMENCES DU MONDE

Imaginez une grotte taillée dans la roche à flanc de montagne ; au fond d'un très long couloir, trois immenses salles remplies de conteneurs étanches en aluminium. C'est une forteresse sur une île de l'archipel du Spitzberg (Norvège), résistante aux catastrophes naturelles, et qui a été conçue pour faire face au déclin de la biodiversité et à la menace d'un changement climatique. Elle est entrée en fonction en février 2008 et doit conserver et maintenir à – 18 °C toutes les semences représentant la diversité agricole de la planète. Soit près de 3 millions de variétés, parmi lesquelles 14 000 sortes de légumes, 4 000 de pommes, 100 000 de riz, 200 000 de blé, 80 000 de maïs. C'est une banque végétale mondiale pour protéger les sources de nourriture des hommes contre des catastrophes.

UN LAS VEGAS EN ESPAGNE

Fin 2007, le gouvernement de la province d'Aragon, en Espagne, a donné le feu vert à un projet de construction d'un complexe démesuré de 32 casinos, 232 restaurants, 500 boutiques, 5 parcs de loisirs avec des répliques de pyramides égyptiennes et de temples romains, un terrain de golf et un hippodrome en plein désert de Los Monegros, l'une des régions les plus arides du pays. Le projet se veut écologiquement responsable, mais, même si l'Aragon est traversé par l'Èbre, l'eau y a toujours été rare. Or les besoins en eau des lieux de divertissements seront considérables. Comment trouvera-t-on toute l'eau pour approvisionner ce complexe ? Au risque de tarir l'Èbre ? N'oublions pas que les besoins en eau de Las Vegas, la capitale américaine du jeu, ont provoqué le tarissement du fleuve Colorado.

PROTÉGER LA COURLANDE

Étroit cordon littoral sur les rives de la mer Baltique, hérissé d'imposantes dunes de sable (68 mètres de haut), long de 98 kilomètres, l'isthme de Courlande est à cheval sur les frontières lituanienne et russe (enclave de Kaliningrad). Après avoir exploité ses forêts pour la construction navale, son sol pour le pacage des bêtes, à partir du XIXe siècle les hommes ont patiemment lutté contre l'érosion en replantant pins, bouleaux et herbes des sables, afin de fixer ses dunes menacées. Aujourd'hui, l'isthme est une splendeur sereine où 10 à 20 millions d'oiseaux migrateurs font étape chaque année. Mais un gisement de pétrole a été découvert en mer Baltique à 22 kilomètres au large de ses côtes. Pour l'instant, Russie et Lituanie étudient l'impact de son éventuelle exploitation sur l'environnement.

LA SUÈDE PIONNIÈRE

En 1909, en même temps qu'elle promulguait les premières lois sur la protection de l'environnement en Europe, la Suède créait les neuf premiers parcs nationaux. Dans un décor de monts, de canyons et de rivières, peuplé d'élans, de gloutons et de lemmings, à 250 kilomètres au nord du cercle polaire arctique, Abisco est le plus prestigieux d'entre eux. Aujourd'hui, l'Europe compte 400 parcs nationaux, créés le plus souvent au cours des 40 dernières années. Le plus grand d'entre eux, un géant, recouvre le tiers du Groenland (Danemark). Sa surface est équivalente à deux fois celle de la France, et il héberge 2 millions de phoques. Surtout, sa calotte glaciaire contient 10 % des réserves d'eau douce de la planète.

Les énergies renouvelables : un enjeu capital

Le monde consomme de plus en plus d'énergie (transports, industrie, chauffage des habitats, appareils électriques...). Or les stocks des énergies fossiles comme le charbon et le pétrole s'épuisent. De plus, leur utilisation pollue et entraîne un réchauffement du climat. Quant à l'énergie nucléaire, elle reste délicate à produire et le problème des déchets, radioactifs pendant des centaines d'années, n'a pas encore trouvé de solution. C'est pour toutes ces raisons que l'Europe, outre des efforts en faveur des économies d'énergie, développe aujourd'hui les énergies renouvelables. Parmi ces énergies qui se renouvellent naturellement et indéfiniment à l'échelle du temps humain et qui sont dites « propres », on compte cinq familles : l'hydroélectricité, qui utilise la force de l'eau ; le solaire, les rayonnements du Soleil ; l'éolien, la force du vent ; la géothermie, la chaleur de la Terre ; et la biomasse, qui désigne des matières organiques que l'on transforme (par exemple, le bois que l'on brûle ou les biocarburants, produits à partir de cultures comme le colza). Le développement de ces énergies renouvelables est aujourd'hui limité par leur rendement – qui varie dans le temps, notamment en fonction du climat –, par les difficultés de stockage, par la superficie et les installations nécessaires, et aussi par leur coût.

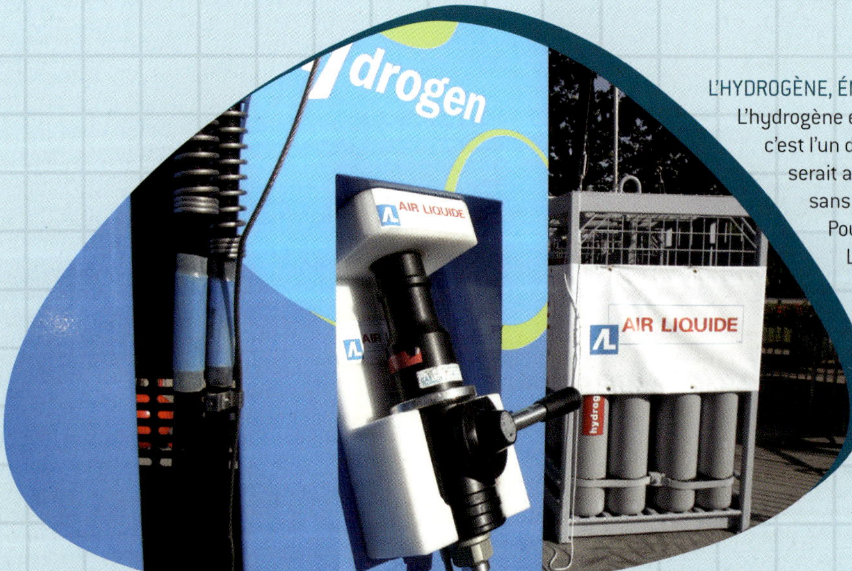

L'HYDROGÈNE, ÉNERGIE DU FUTUR ?

L'hydrogène est présent en grandes quantités sur Terre, car c'est l'un des composants de l'eau. Cette source d'énergie serait ainsi abondante et pour très, très longtemps, sans émissions polluantes ni déchets radioactifs. Pour l'instant, on en est au stade de la recherche. Les scientifiques étudient deux pistes. L'une, en phase de développement, est celle de la pile à combustible. L'autre – beaucoup plus lointaine – est celle de la fusion de noyaux d'hydrogène pour reproduire l'énergie des étoiles. C'est dans le centre européen d'Abingdon (Royaume-Uni) qu'ont été effectuées avec succès les premières expériences mondiales de production d'énergie de fusion.

LE BARRAGE DE SERRE-PONÇON EN FRANCE

L'énergie hydraulique est la plus importante énergie renouvelable dans le monde. En 1961, à Serre-Ponçon, en France, un immense barrage (l'un des plus grands d'Europe : 129 mètres de hauteur et 600 mètres de longueur) a été construit sur la Durance. Plusieurs villages ont été engloutis sous les eaux de l'immense lac créé pour retenir l'eau et produire une chute d'eau artificielle. Le passage de l'eau dans les turbines fait tourner les hélices, entraînant un alternateur qui produit le courant. Quatre groupes hydroélectriques assurent la production d'énergie et sont capables de fournir 80 mégawatts chacun (l'équivalent de 20 TGV) en moins de 10 minutes.

LE JOUR OÙ L'HOMME SERA UNE PILE ÉLECTRIQUE

On sait désormais récupérer dans le sol l'énergie que l'homme libère en marchant, chaque pas produisant 6 à 8 watts ! Cela pourrait permettre d'éclairer les bâtiments publics très fréquentés. Le problème jusqu'à présent était de stocker l'énergie produite. Le premier escalier capteur d'énergie humaine a vu le jour en 2007 dans une tour de Portsmouth, en Angleterre. Plusieurs équipes universitaires en Europe participent au projet. Ainsi, l'une a conçu un générateur logé dans le talon des chaussures pour capter l'énergie produite par la marche. À Rotterdam, une discothèque vient d'être construite : sa piste de danse, équipée de capteurs, convertit les vibrations des pieds en électricité !

QUARTIER VAUBAN À FRIBOURG, LA VILLE ÉCOLOGIQUE

En Allemagne, un quartier écologique est récemment né sur un terrain de 40 hectares. Maisons et bâtiments publics ont été construits en répondant à des critères d'écoconstruction et de performance énergétique : utilisation de matériaux de construction sains, isolation extérieure renforcée avec des fenêtres à triple vitrage, ce qui diminue le besoin de chauffage. Les toits, plats, sont recouverts de végétaux (ce qui renforce l'isolation) et aussi de panneaux solaires (qui fournissent de l'électricité). Les eaux de pluie sont évacuées dans des fossés filtrants ou collectées dans des citernes, avant d'être utilisées pour l'arrosage, le lavage du linge et les toilettes. Enfin, de nombreux espaces verts et la priorité donnée aux piétons, vélos et transports en commun, afin d'éviter une trop grande pollution par les voitures, complètent la vie du quartier.

HORNS REV, LE PLUS GRAND PARC ÉOLIEN DU DANEMARK

Le Danemark est le pays le plus équipé d'éoliennes au monde. On compte 500 watts éoliens installés par habitant (contre 5 watts par habitant en France). Le plus grand parc éolien du Danemark, et l'un des plus grands du monde, est le parc « offshore » de Horns Rev, construit en 2002 et situé dans la mer du Nord, à 15 kilomètres des côtes. Avec ses 80 éoliennes, il couvre les besoins en électricité de 150 000 maisons. Les parcs offshore se développent, car, en mer, il y a davantage d'espace que sur terre et le vent y est plus puissant.

Glossaire

>> **AFFLUENT :** cours d'eau qui se jette dans un autre.

>> **ALTERNATEUR :** machine productrice de courants alternatifs, c'est-à-dire qui changent périodiquement de sens.

>> **ANTIQUITÉ :** période de l'histoire qui va de l'invention de l'écriture (environ 3 000 ans avant J.-C.) à la chute de l'Empire romain en 476 après J.-C.

>> **BARRAGE :** construction sur un cours d'eau, qui a pour objectif soit de relever le cours d'eau, soit de dévier son eau, soit de l'accumuler en créant un lac.

>> **BASSIN D'UN FLEUVE :** territoire arrosé par ce fleuve et ses affluents.

>> **CANAL :** rivière artificielle construite pour répondre à des besoins de transport et d'irrigation.

>> **CAPITALISME :** dans un sens primaire, état de la personne qui possède des richesses.

>> **CHENAL :** partie navigable d'un cours d'eau ou d'un bras de mer, donnant accès à un port, à la haute mer, ou permettant de passer entre des rochers, des îles.

>> **COLÉOPTÈRE :** ordre d'insectes avec des pièces buccales broyeuses et avec quatre ailes dont deux rigides.

>> **COLONISER :** envahir un territoire pour y installer des habitants et/ou exploiter ses richesses.

>> **CONQUISTADOR :** ce terme désigne les soldats espagnols, souvent aventuriers, qui firent la conquête du Nouveau Monde. Cortés et Pizarro sont les plus célèbres.

>> **CULTURES MARAÎCHÈRES :** cultures de légumes et de certains fruits.

>> **DELTA :** embouchure d'un fleuve divisée en plusieurs bras et formant un triangle.

>> **DÉMOCRATIE :** forme de gouvernement dans lequel le pouvoir est exercé par des représentants du peuple (députés) que les citoyens ont élus.

>> **DÉPUTÉ :** membre de l'Assemblée nationale.

>> **DICTATURE :** régime politique dans lequel un seul homme détient tous les pouvoirs et gouverne de manière autoritaire.

>> **DIGUE :** construction pour retenir et arrêter les eaux des fleuves, de la mer.

>> **DRAMATURGE :** écrivain de pièces de théâtre.

>> **ENGRAIS :** produit que l'on mélange à la terre pour la rendre plus fertile.

>> **ÉROSION :** usure de la surface de la Terre, provoquée par les éléments naturels comme le vent, les pluies, le gel, les glaciers, les torrents...

>> **FONDS :** somme d'argent.

>> **FRONTIÈRE :** limite d'un territoire.

>> **GÉNÉRATEUR :** machine servant à produire du courant continu (électricité).

>> **GREFFE :** opération par laquelle le chirurgien transplante un organe ou des tissus humains sur un homme.

>> **HYPOTHÈSE :** c'est une supposition sur laquelle on s'appuie pour construire un raisonnement.

>> **ISTHME :** langue de terre entre deux mers, et reliant deux territoires.

>> **LAGUNE :** étendue d'eau de mer séparée de la haute mer par une bande de sable.

>> **LICHEN :** végétal (formé d'un champignon et d'une algue) qui pousse sur les arbres, les pierres...

>> **LITTORAL :** lieu de contact entre la mer et la terre.

>> **MOYEN ÂGE :** période allant de 476 à 1453 après J.-C.

>> **NAPPE PHRÉATIQUE :** nappe d'eau souterraine.

>> **NATION :** vaste groupe d'hommes, conscients de leur unité et ayant envie de vivre en commun.

>> **NÉOLITHIQUE :** période la plus récente de la préhistoire ; débuts de l'agriculture.

>> **ORGANIQUE :** notamment, qui provient des tissus vivants.

>> **PARTICULE :** minuscule élément constituant de la matière.

>> **PÉNINSULE :** grande presqu'île.

>> **PERSISTANCE RÉTINIENNE :** les images qui se peignent sur notre rétine ne s'effacent pas instantanément.

>> **PHILOSOPHE :** dans le sens historique, personne qui réfléchit sur l'homme en s'appuyant sur la raison.

>> **PHYSIQUE :** science qui étudie la matière et les lois des phénomènes naturels.

>> **PILOTIS :** ensemble de gros pieux enfoncés dans le sol pour soutenir une construction, par exemple sur l'eau.

>> **PLAQUES TECTONIQUES :** théorie selon laquelle l'écorce terrestre est constituée de plaques qui se déplacent très lentement les unes par rapport aux autres.

>> **POLLINISER :** effectuer un apport de pollen.

>> **PROMULGUER :** rendre une loi applicable, en la publiant.

>> **PROPAGANDE :** ensemble des méthodes utilisées par un pouvoir en vue d'obtenir des efforts idéologiques ou psychologiques.

>> **RADIOACTIF :** qui émet des rayonnements nocifs pour la santé des hommes.

>> **REMEMBREMENT :** rassemblement de parcelles agricoles en un seul domaine pour faciliter l'exploitation.

>> **SATELLITE :** engin mis en orbite autour de la Terre.

>> **TSAR :** titre porté par les empereurs de Russie.

>> **TURBINE :** moteur.

CRÉDITS PHOTOS

>> Couverture : ph © C. A. Wilton/ The Image Bank/Getty Images
>> p1 g: ph © A. Kagansky/iStock, d : ph © F. Damm/Zefa/Corbis
>> p2-3 : ph © Art Wolfe/Riser/Getty Images
>> p4-5 : ph © G.M. Schmidt/Corbis
>> p6 : ph © G. Colombi/iStock
>> p7 : ph © H. Sund/Getty Images
>> p8 : ph © Roger Viollet/Getty Images
>> p 9 : ph © C. Johnson/Time & Life Pictures/ Getty Images
>> p10 : ph © KuznetsovSergey, Webshots, ph © Michikokaki, Webshots, ph © Mitou36, Webshots, ph © Suresh_krishna, Webshots, ph © Macuve377, Webshots, ph © Leylop, Wikipedia
>> p11 : ht ph © P. Viisinaa/iStock, bas dt ph © S. Ilin/Istock, bas g Musée des Beaux Arts de Blois ph © Bridgeman Giraudon
>> p12 : ph © Aventura82, Webshots, ph © Truse, Webshots, ph © Dominiquedupont, Webshots, ph © A. Giliazov/iStock, ph © Akg-Images
>> p13 : ht ph © Grand Tour Collection/Corbis, bas dt ph © F. Fève/Bios, bas g ph © C. Heeb/Hemis
>> p14 : ph © B. Rieger/Hemis, ph © Killieboy100, Webshots, ph © Kirbmeister1056, Webshots
>> p15 : ht ph © D. Breckwoldt/iStock, bas ph © Leemage
>> p16 : ph © Daryl05, Webshots, ph © Managa1009, Webshots, ph © Russpsych, Webshots, ph © R. Cintract/Hemis
>> p17 : ht ph © R. Gleizes/Rea, bas g : Y. Arthus Bertrand/Altitude, bas dt : Y. Arthus Bertrand/Altitude
>> p18 : ph © C. Ruoso/Biosphoto
>> p19 : ht ph © C. Moirenc/Hemis, bas g ph © C. Guy/Hemis, bas dt ph © V. Bogaerts/iStock
>> p20 : Musée Départemental de l'Oise ph © AKG-Images, ht dt ph © Mauricio Anton/SPL/Cosmos
>> p21 : ht Viking Ship Museum, Oslo ph © J. Hicks/ corbis, bas Lambeth Palace Library, Londres ph © Bridgeman Giraudon
>> p22 : © J. Brandste ph © AKG-Images
>> p23 : ht ph © AKG-Images, m ph © AKG-Images, bas Musées de la ville de Paris, Carnavalet ph © Bridgeman Giraudon
>> p 24 : g Musée du Louvre, DAG ph © J.G. Berrizzi/rmn
>> p 24-25 : ph © AKG-Images, ph © Ullstein Bild/ AKG-Images, ph © Bridgeman-Giraudon, ph © Peter Newark American Pictures/Bridgeman Giraudon, Royal Geographical Society ph © Bridgeman Giraudon, National Army Museum, London ph © Bridgeman Giraudon, British Embassy, Mexico ph © Bridgeman Giraudon, Musée d'Orsay, Paris ph © Lauros /Bridgeman Giraudon, Christie's Images ph © Bridgeman Giraudon, ph © K, ph © T. Dlugosz/iStock
>> p25 bas : A. Mathiassen/iStock
>> p26 : ph © AKG-Images
>> p27 ht Musée du Louvre, Paris ph © G. Blot/rmn, m ph coll A. Welck Kharbine-Tapabor, bas ph coll Grob/Kharbine-Tapabor
>> p28 : ph © J. Van Ostaeyen/iStock
>> p29 : ht ph © F. Maigrot/Rea, m ph © L. Grandguillot/Rea, bas ph © J. Fistick/Reporters/Rea
>> p30 : S. Hoppe/iStock, p31 : ht ph © A. Nogues/ Corbis-Sygma, bas ph © B. Decout/Rea
>> p32 : ph © F. Maigrot/Rea
>> p33 : ht g ph © M. Fourmy/Rea, ht dt ph © F. Tondre/Rea, m ph © Gamma/Eyede, bas ph © T. Dirven/Panos-Rea
>> p34 : g ph © D. de Bono/iStock, dt ph © J. Lugo/iStock, bas ph © N. Hobbs/Istock
>> p35 : ph © G. Schaufelberger/iStock
>> p36 : g ph © J.M. Labat/Biosphoto, dt ph © Hanneke175/Webshots
>> p37 : J. Stephens/Istock
>> p38 : g ph © A. Aagesen, m ph © J.L. Ziegler/ Biosphoto, bas ph © M. Gunther/Biosphoto
>> p39 : ph © S. Smith/iStock
>> p40 : g ph © Ceneri/iStock, bas ph © M. Gonzales/Laif-Rea
>> p41 : ph © P. Gleizes/Rea
>> p42 : g ph © G. Krebs/iStock, bas ph © P. Allard/Rea
>> p43 : ht ph © Haulot/Planet Reporters-Rea, bas ph © P. Gleizes/Rea
>> p44 : g ph © M. Boncina/iStock, dt ph © A. Le Toquin/Biosphoto
>> p45 : ph © J. Andrew/Corbis
>> p46 : g ph © C. Schmidt/iStock, dt ph © Benaroch/Sipa
>> p47 : haut ph © S. Reix/For Picture/Corbis, bas g ph © M. Nascimento/Rea, bas dt ph © Photocuisine/Corbis
>> p48 : g ph © W. B. Thomas/iStock, m ph © Hamilton/Rea, bas ph © I. Hanning/Rea
>> p49 : ph © P. Box/Report Digital/Rea
>> p50 : g ph © C. Pasquini/Rea, dt ph © J. Chen/iStock
>> p51: ph © S. Andras/Rea
>> p52 : g ph © S. Rippel/Rea, dt ph © C. Haller/Rea
>> p53 : ht ph © A. Hornak/Corbis, bas ph © Corbis
>> p54 : g ph © G. Lepiarz/iStock, dt ph © A. Harlingue/Roger-Viollet
>> p55 : ht ph © Akg-Images, m © Hugo Pratt/Cong SA
>> p56 : g ph © P. Allard/Rea, dt ph © Chine Nouvelle/Sipa
>> p57 : ph © P. Allard/Rea
>> p58 : ph © C. Bibby/Financial Times-Rea
>> p59 : ht ph © AFP Photo/HO/ILD, m ph © B. Rieger/Hemis, bas ph © P. Vernay/Biosphoto
>> p60 : ph © D. Maillac/Rea
>> p61 : ht ph © P. Gleizes/Rea, m ht © Enviu, m bas ph © R. Helle/Signatures, bas B. Artzi/Rea
>> p62-63 : ph © M. Franck/iStock
>> p64-65 : ph © AVTG/iStock

Langue au chat – 5, chaussée Romaine
4190 Werbomont – Belgique

ISBN : 978-2-87431-908-2
Dépôt légal : 06.09/9766/034
Loi n° 49-956 du 16 juillet 1949 sur les publications destinées à la jeunesse.
Imprimé en Belgique.